Cocinando para el Bebé

saludable – casera – deliciosa

Recetas de Lisa Barnes

Fotografía de Tucker + Hossler

Traducción de Laura Cordera y Concepción O. de Jourdain

contenido

introduciendo sólidos

La introducción a los sólidos es uno de los grandes acontecimientos durante el primer año de vida. Es uno de aquellos temas sobre el cual todo el mundo tiene algo que opinar, al igual que si su bebé tiene los pies fríos por no traer calcetines o si debería ya de gatear para estas alturas.

No hay prisa

Hace apenas una o dos generaciones, los bebés comúnmente comenzaban con los sólidos a la tierna edad de 6 semanas. La costumbre ha cambiado y la mayoría de los expertos ahora recomiendan dar exclusivamente leche materna (o fórmula) durante los primeros meses. La introducción a los sólidos debe esperar hasta que el bebé cumpla 6 meses de edad. Se le puede comenzar a dar algunos alimentos un poco antes, a los 4 meses; sin embargo, se ha visto que cuando se introducen alimentos sólidos antes de esta edad hay tendencia a adquirir alergias, diabetes y obesidad.

Muy a menudo los padres piensan que su bebé necesita comer algo además de la leche materna o la fórmula antes de que cumpla los 6 meses, y ciertamente un bebé que atraviesa un aumento repentino de crecimiento pudiera parecer ansioso por la comida. Sin embargo, los bebés, por lo general, pueden atravesar esta etapa únicamente con una dieta a base de líquidos. De hecho, la leche materna o la fórmula deben ser el alimento principal de la dieta de un niño hasta cumplir su primer año de edad. Hasta entonces, en lugar de suplir la fuente principal de nutrición del bebé, la introducción a los sólidos son la manera en la que los padres permiten a su bebé explorar un mundo de nuevos sabores, texturas y temperaturas, practicar técnicas para aprender a comer y aprender a disfrutar y apreciar los aspectos sociales de la hora de la comida.

Siga las señales de su bebé

La mejor manera para saber si su bebé está listo para empezar con los sólidos es observando ciertas señales. Aquí presentamos algunas de las señales que indican que ha llegado el momento para comenzar a ofrecer comida a su bebé:

• Su bebé puede sentarse bien por sí solo, sin su ayuda.

• Su bebé puede voltear la cabeza para negarse a la comida que le está ofreciendo.

• Su bebé desarrolla un patrón consistente de seguir con hambre después de su comida habitual.

• Su bebé no deja de observarlo cuando usted come o intenta alcanzar su comida.

• Su bebé puede tragar purés en lugar de escupirlos como reflejo.

Edades y Etapas

Las recetas de este libro de cocina están divididas en capítulos por edades que corresponden a los patrones generales de desarrollo. Tenga en mente que cada bebé se desarrolla de manera diferente y que usted y su pediatra son los mejores jueces sobre los alimentos que su bebé debe comer y el momento de hacerlo. Si usted tiene alguna duda especial, como pueden ser las alergias, platique estos temas con un profesional en salud y guíese por su consejo.

sano y casero

¿Usted come mucha comida envasada o procesada? Si la respuesta es no, entonces ¿por qué dársela a su bebé? La comida que usted dé a su bebé durante los primeros meses de vida, ayudará a su hijo a moldear su sentido del gusto por la comida en los años venideros.

El estilo orgánico

Para reducir la exposición de su bebé a toxinas, elija ingredientes orgánicos para la comida de su bebé siempre que le sea posible. Es muy importante comprar frutas y verduras orgánicas con pieles delgadas, como manzanas o papas, ya que éstas absorben los pesticidas con más facilidad que los demás productos agrícolas. También es recomendable comprar las versiones orgánicas de los alimentos con grasa, como son las carnes, lácteos y aceites. Los pesticidas y demás toxinas del medio ambiente tienden a almacenarse en las células de grasa.

Si usted alimenta a su bebé únicamente a base de comida para bebé envasada e insípida y de cereales, su bebé se acostumbrará a este tipo de alimentos. En cambio, si usted da a su bebé una gran variedad de frutas y verduras frescas, granos y carnes sazonadas con hierbas y especias, estará premiando su paladar con hábitos de alimentación sanos para toda la vida y con el gusto por la apreciación culinaria. Los beneficios de preparar la comida de su bebé en casa son muchos:

• **No está adulterada** Usted sabe exactamente qué lleva la comida que prepara; no tiene conservadores ni rellenos.

• **Es más versátil** Las papillas hechas en casa se pueden diluir con leche materna, fórmula o con el agua donde se cocieron las verduras para que sea más nutritiva. Conforme vaya creciendo su bebé, usted podrá preparar su comida tan espesa como él pueda comerla, ayudándole así a que sus hábitos alimenticios progresen de manera natural.

• **Es más variada** No todas las verduras, frutas, granos o carnes se venden preparadas en comida para bebé. Sin embargo, usted puede cocinar y hacer papillas con cualquier alimento que a usted y a su bebé les guste.

• **Es más nutritiva** La comida de bebé envasada se calienta a temperaturas extremadamente altas durante su proceso de elaboración, con lo cual se pierden ciertas vitaminas que son sensibles al calor con mayor facilidad que cuando se preparan siguiendo un proceso de cocción normal.

Por supuesto que la comida para bebé ya preparada es muy útil y cómoda y seguramente juega un papel importante en la despensa de cualquier familia. Pero para los padres que disfrutan cocinar y comer sabroso, no existe ninguna razón para no incluir al bebé y comenzar a exponerlo frente a los diferentes tipos de alimentos que muy pronto estará comiendo junto con el resto de la familia.

Preparar comida casera para su bebé toma tiempo y energía, de lo cual uno carece cuando tiene un nuevo pequeño en casa. Pero cocinar en tandas y congelar la comida (vea la página 15), puede hacer que la comida casera sea tan conveniente como la envasada.

un fácil comienzo

A los 6 meses el sistema digestivo de su bebé sigue aún como nuevo. Los primeros alimentos que le ofrezca deben ser los más ligeros y fáciles de digerir.

La introducción de su bebé a los alimentos sólidos debe ser un proceso lento a lo largo del cual irá construyendo un gran repertorio. Con cada nuevo alimento que usted ofrezca a su bebé, estará moldeando su paladar y poniendo a prueba su tolerancia. Algunos alimentos no le caerán bien y pueden causarle sarpullido, gases, estreñimiento, diarrea o vómito. Por esta razón, los alimentos nuevos deben introducirse dando uno a la vez. Si un alimento no le cae bien a su bebé, quizá tome uno a dos días para manifestarse. Por lo que cuando ofrezca un nuevo alimento a su bebé, déselo durante por lo menos 3 días antes de darle algo nuevo. Si su familia o su bebé tienen tendencia a las alergias, puede extender este período de prueba a 5 ó 7 días. Este enfoque gradual hacia nuevos alimentos le facilitará identificar cuál es el causante del problema si lo hubiera.

Primeros sabores

Estos alimentos son nutritivos y fáciles de digerir, y, por lo general, caen bien a todos los bebés:

- arroz
- semilla de mijo
- cebada
- camote y batata
- calabaza
- papa
- manzana cocida
- pera cocida
- aguacate
- plátano

Alimentos que causan gases

Si su bebé sufre de gases o cólicos, estos alimentos pueden empeorar su problema:

- frijoles
- chícharos
- lentejas
- brócoli
- col
- coliflor
- leche de vaca
- pepino
- cebolla

Alimentos alergénicos

Muchos alimentos pueden ser alergénicos, pero la gran mayoría de las reacciones severas son causadas por un grupo más específico:

- leche de vaca
- clara de huevo
- pescado
- mariscos
- nueces
- cacahuates
- soya
- fresa
- trigo

preparando la comida del bebé

Cocinar la comida para su bebé será más fácil si lo hace por tandas. Si puede apartar un tiempo el sábado por la mañana y el miércoles por la tarde para preparar la comida, podrá tener comida casera para su bebé para toda la semana, incluso si usted tiene un trabajo de tiempo completo.

Higiene

Cuando su bebé cumpla 6 meses ya no necesitará hervir o esterilizar sus utensilios, pero es importante lavarse las manos y limpiar con agua caliente y jabón las superficies donde cocine así como los utensilios que vaya a necesitar. Los alimentos perecederos deben mantenerse fríos y debe utilizar recipientes y tablas distintas para la carne y el pollo crudo. Lave todos los productos agrícolas muy bien, inclusive si éstos son orgánicos.

O si usted cocina tandas grandes y utiliza el congelador, tendrá que cocinar con menor frecuencia.

Los mejores métodos para cocinar

Los primeros alimentos de su bebé serán cocidos al vapor o a fuego lento. Éstos son métodos sencillos de cocción que no necesitan grasas adicionales, las cuales son más difíciles de digerir para su bebé en un inicio. La cocción al vapor es un método especialmente bueno ya que los alimentos no están en contacto directo con el agua, la cual hace que se pierdan nutrientes. Escalfar es igual que hervir a fuego lento pero se utiliza menos agua y el fuego debe mantenerse bajo: al escalfar se deben formar lentamente burbujas grandes.

Otro método de cocción muy conveniente para la comida del bebé es asarla, especialmente cuando se trata de tubérculos con raíces gruesas y carnes. Es muy fácil de hacer y si utiliza un cronómetro, puede realizar otros quehaceres con toda libertad mientras prepara la comida del bebé.

Sea cual fuere el método de cocción que utilice para cocinar la comida de su bebé, cocínela hasta que esté muy suave pero no la sobre cocine. Entre más cocida esté, más nutrientes se pierden y en algunas ocasiones las verduras adquieren un mal sabor al sobrecoserse.

Utensilios necesarios

Utilizar el equipo adecuado simplifica la preparación de la comida del bebé. Lo único que realmente necesita para preparar una amplia variedad de alimentos para los pequeños es una canastilla para cocer al vapor, una sartén, un refractario y un procesador de alimentos o una licuadora. Para hacer papillas puede usar un procesador de alimentos o una licuadora y también puede prepararlos moliendo los alimentos con un molino de alimentos, pasando los alimentos por un colador presionando con una cuchara de madera o con una espátula, o con un prensador de papas. Con cada método obtendrá una textura diferente que su bebé disfrutará explorar. Las cucharas con medidor de temperatura le pueden ayudar a asegurarse que la comida de su bebé no esté demasiado caliente para comer.

almacenando la comida del bebé

Si usted prepara comida casera para su bebé, muy pronto se acostumbrará a utilizar el congelador. Cocinar en tandas, dividir la comida en porciones individuales y congelarlas, hará que la comida para su bebé hecha en casa sea tan provechosa y práctica como la envasada.

Congelar la comida

Como regla general, los alimentos recién preparados se pueden almacenar durante 3 días en el refrigerador o 3 meses en el congelador. Cuando prepare una ración de papilla utilizando una receta de este libro, almacene una parte en el refrigerador y congele el resto. Deje enfriar la comida durante aproximadamente media hora a temperatura ambiente antes de almacenarla. Las charolas para hacer hielos tapadas son ideales para congelar porciones individuales de papillas para su bebé. Congélelas hasta que estén duras y coloque los cubos en bolsas de plástico especiales para congelar comida. Conforme su bebé vaya creciendo y sus porciones crezcan, utilice pequeños recipientes de vidrio con tapa que pueden pasar del congelador al refrigerador y luego al microondas, sin tener que meter recipientes de plástico en el microondas.

Asegúrese de etiquetar todo lo que congele con su contenido y la fecha. Es probable que no lo reconozca después de algunas semanas de haberlo almacenado.

Descongelando y Recalentando

Descongelar a baño María y recalentar los alimentos puede originar el crecimiento de bacterias. Estos son algunos consejos prácticos para mantener la comida de su bebé lo más a salvo posible:

- Descongele la comida en el refrigerador o en el microondas. No deje la comida de su bebé sobre la cubierta de la cocina durante más de una hora o de 30 minutos cuando haga calor.

- Para calentar las papillas refrigeradas de su bebé, sáquelas del refrigerador de 15 a 30 minutos antes de servirlas.

- La mejor manera para recalentar las papillas es en una olla sobre fuego medio-bajo. No se recomienda el uso del microondas ya que puede ocasionar que se formen áreas calientes en el recipiente de la comida, lo cual puede quemar la boca de su bebé. Siempre cerciórese de que la temperatura de la comida de su bebé sea la adecuada antes de ofrecérsela.

- No congele comida que ya haya congelado con anterioridad.

Sobrantes de comida

Cuando alimente a su bebé tenga siempre en mente que la cuchara transporta bacterias de la boca al plato de comida. Un plato en el que haya restos de comida contiene más bacterias que uno fresco recién servido, por lo que almacenar esta comida y recalentarla no es lo más recomendable. Es mejor servir una pequeña ración en otro plato que meter la cuchara del bebé directamente en el recipiente. Si llegara a recalentar un plato con sobrantes de comida, hágalo al día siguiente o dos días después.

6 MESES

primeros sabores

¿cómo comenzar?

¿Cuál será el primer alimento del bebé? Usted escuchará y leerá miles de consejos diferentes que varían desde el cereal de arroz fortificado para bebé hasta las frutas dulces o verduras y legumbres nutritivas. De hecho, el orden en el que se introduzcan no tiene mucha importancia.

Hay quienes dicen que el primer alimento del bebé no debe ser fruta, ya que las frutas contienen altas cantidades de azúcares naturales las cuales endulzarían el paladar del bebé. Sin embargo, cualquier bebé que sea amamantado tendrá ya una preferencia por los alimentos dulces, ya que la leche materna es muy dulce. Para estos bebés, la fruta puede ser una transición muy natural de una dieta a base únicamente de leche materna a una complementada con sólidos.

La consistencia es la clave

Los primeros alimentos del bebé deben tener una consistencia muy suave, es decir, deben ser más líquidos que sólidos. Los bebés pequeños tienen un reflejo protector que evita que se traguen los alimentos sólidos, por lo que su bebé tendrá que desarrollar esta habilidad. Puede utilizar un procesador de alimentos, una licuadora, un molino para alimentos o una coladera y una cuchara para hacer papillas, ablandando la textura agregándole agua, leche materna o formula. (Más adelante, cuando quiera espesar una papilla que haya quedado muy aguada, puede agregarle cereal para bebé.)

Entre más fácil, mejor

Introduzca nuevos alimentos poco a poco, uno a la vez, y observe si surge alguna reacción adversa. Cada nuevo alimento debe dársele a su bebé durante por lo menos 3 días antes de darle otro diferente. Procure darle sus primeras comidas temprano durante el día para que si tiene alguna reacción a algún alimento se manifieste en las siguientes horas de habérselo comido y así no ocurra a media noche cuando todos en la casa estén dormidos.

Que sea ligero

Procure que las comidas de su bebé sean siempre lo más placenteras y agradables posible. Quizá tenga que sacarse de la manga uno que otro truco: algunos bebés necesitan que sus padres les demuestren lo deliciosa que está su comida probándola antes ellos y expresándoles su rico sabor, o abren su boca cuando "el avioncito esté a punto de aterrizar". Observe la personalidad de su bebé para poder guiarlo y compartirle su placer por la comida.

¿qué tan seguido y cuánto?

Tenga en mente que durante el primer año la leche materna o la fórmula deben ser la principal fuente de alimentación de su bebé. Ofrezca primero leche materna o fórmula antes de ofrecerle comida, de manera que la comida no reemplace su alimentación sino que únicamente la complemente.

Cuando su bebé esté listo para empezar con sólidos, ofrézcale de comer solamente una vez al día durante las primeras dos semanas o un mes. El resto de sus comidas deben ser a base de leche materna o fórmula como solían ser. Aunque puede parecer poco, su leche contiene la grasa y los nutrientes necesarios. Si un bebé está creciendo bien y el doctor está contento con su desarrollo, quiere decir que está comiendo lo suficiente.

Siga el ritmo de su bebé

Deje que su bebé decida cuánto comer y qué tan seguido. La comida de un bebé puede variar desde un par de cucharadas hasta un cuarto de taza. Ofrézcale la comida en una cuchara o con la punta del dedo. Algunas señales de que su bebé ya ha terminado de comer pueden ser perder el interés, voltear la cabeza, apretar firmemente los labios, empujar la cuchara o escupir la comida. No importa si su bebé no se ha terminado toda la comida del plato. Si su bebé no tiene ningún interés por los sólidos en general, inténtelo de nuevo en un par de días o la siguiente semana.

Los bebés necesitan hierro

La deficiencia nutricional más común en los bebés es la falta de hierro, la cual causa anemia. Los padres deben estar muy pendientes de esto, ya que una anemia de larga duración sin tratamiento durante la infancia puede provocar déficits cognitivos, incluso en los años venideros. Los bebés de término nacen con una cierta cantidad de hierro que dura aproximadamente 6 meses; después de este período, necesitan empezar a obtener hierro a través de sus alimentos.

Algunos alimentos son ricos en hierro por naturaleza y otros se suplementan con hierro especial para los bebés. Para un pequeño de 6 meses (o menor) las mejores fuentes de hierro son la leche materna, fórmula fortificada con hierro, cereales para bebé fortificados con hierro y el jugo o papilla de ciruela. En ocasiones los pediatras recomiendan gotas de hierro. La carne y el pollo también son fuentes importantes de hierro y se pueden dar a su bebé en pequeñas cantidades, hechas papilla, poco tiempo después de haber comenzado con los sólidos. Para ver otros alimentos ricos en hierro, consulte la página 136.

Un Poco de Agua

Una vez que su bebé comience a comer sólidos, ofrézcale también agua para beber. Puede dársela en una botella o vasito entrenador, a los 6 meses ya tiene la edad suficiente para empezar a aprender a tomar agua en vaso. Esta cantidad de agua adicional ayudará a su bebé a digerir sus alimentos y lo mantendrá bien hidratado. A esta edad, ya no necesita hervir el agua que tome su bebé; puede tomar agua del filtro. Si su familia bebe agua embotellada, tome nota de que, por lo general, ésta no contiene la misma cantidad de flúor que el agua de filtro. Puede comprar agua embotellada fluorizada para bebés.

papilla de chícharos

**chícharos, frescos
o congelados, 2
tazas (300 g/10 oz)**

RINDE 1 ½ TAZA

● Hierva 2 ½ cm (1 in) de agua en una olla. Coloque los chícharos en una canastilla para cocer al vapor, póngala dentro de la olla, tape bien y deje que se cuezan al vapor de 5 a 7 minutos si son chícharos congelados o frescos y 3 minutos si utiliza chícharos descongelados, hasta que adquieran un color verde brillante y estén lo suficientemente suaves para poder aplastarlos con facilidad con la ayuda de un tenedor. Retire la canastilla de la olla reservando el agua con la que se cocieron. Enjuague los chícharos bajo el chorro de agua fría para detener la cocción.

● Muela los chícharos en un procesador de alimentos hasta obtener un puré terso. Agregue el agua de cocimiento, leche materna o fórmula para diluir la papilla hasta adquirir la consistencia adecuada para su bebé.

Para almacenar Refrigere la papilla de chícharos una vez que esté fría en un recipiente hermético hasta por 3 días, o en el congelador en moldes para hacer hielos o algún otro recipiente para congelar alimentos hasta por 3 meses.

La papilla de chícharos hecha en casa debe ser de color verde brillante, a diferencia de las versiones envasadas que se venden en los supermercados que son más descoloridas. Para que los chícharos guarden su brillante color, no los sobre cocine. Los chícharos congelados son la mejor opción después de los chícharos frescos de primavera: los encuentra durante todo el año y le ahorrarán el tiempo y el esfuerzo que requiere desvainarlos.

cereal de arroz para bebé

**arroz integral,
¼ taza**

RINDE 1 TAZA

El arroz integral conserva la vaina que se le retira para hacer arroz blanco. La vaina no solamente le da al arroz su cálido color café sino que también lo hace más nutritivo y sabroso que el arroz blanco. A medida que su bebé vaya creciendo y pueda comer alimentos más espesos, consulte la página 62 para ver una versión más espesa de este alimento básico.

● Coloque el cereal en la licuadora de 3 a 5 minutos a velocidad media-alta para pulverizarlo por completo

● En una olla pequeña sobre fuego medio hierva una taza de agua. Agregue el arroz integral hecho polvo y reduzca el fuego a bajo. Cocine de 4 a 5 minutos, revolviendo constantemente hasta que se haya absorbido toda el agua.

● Agregue agua, leche materna o fórmula para diluir el cereal hasta darle la consistencia adecuada para su bebé. Conforme su bebé vaya creciendo y pruebe otros alimentos, puede combinar el cereal de arroz con papillas de frutas o verduras.

Nota El cereal de arroz de bebé comercial, por lo general, está fortificado con hierro adicional. Si prepara cereal de arroz en casa, consulte con su pediatra los requerimientos de hierro para su bebé. Los bebés pequeños pueden obtener hierro de una gran variedad de productos incluyendo leche materna, fórmula, carne, pollo, ciruelas pasas y chabacanos secos. Para almacenarlo, refrigere el cereal una vez que esté frío en un recipiente hermético hasta por 3 días, o congele en moldes para hacer hielos o algún otro recipiente para congelar alimentos hasta por 3 meses.

papilla de calabacita

calabacitas o cualquier otra calabaza de verano, 2 grandes o 3 pequeñas

RINDE DE 1 ½ A 2 TAZAS

● Corte las calabacitas en rodajas de 2 ½ cm (1 in) de grueso. Hierva 2 ½ cm (1 in) de agua en una olla. Coloque las calabacitas en una canastilla para cocer al vapor y póngala dentro de la olla, tape bien y deje que se cuezan al vapor de 5 a 9 minutos, dependiendo del tamaño, hasta que estén bien suaves.

● Muela las calabacitas en un procesador de alimentos hasta obtener un puré terso. No necesitará agregar ningún tipo de líquido. A medida que su bebé vaya creciendo, puede agregar cereal de bebé para espesar esta papilla líquida si así lo desea.

Nota Ya que el bebé se comerá la piel, asegúrese de comprar calabacitas orgánicas siempre que le sea posible. Para almacenar, refrigere la papilla una vez que esté fría en un recipiente hermético hasta por 3 días, o congele en moldes para hacer hielos o algún otro recipiente para congelar alimentos hasta por 3 meses.

La calabacita china y demás tipos de calabazas de verano, como la pattypan y la crookneck, tienen una pulpa muy acuosa, semillas suaves y piel delgada y comestible. La calabacita es una excelente opción para comenzar a dar a su bebé verduras verdes, ya que es dulce, fácil de digerir y contiene una amplia variedad de nutrientes, especialmente vitamina A, potasio y magnesio.

papilla de calabaza de invierno

calabazas butternut o calabaza de castilla, 600 g (1 ¼ lb)

RINDE 2 ½ TAZAS

Las calabazas de invierno tienen una piel dura y gruesa y semillas que no son comestibles. Las más comunes son las calabazas butternut, acorn y las grandes de pulpa anaranjada, pero puede utilizar cualquier tipo de calabazas de invierno y prepararla de la misma manera. Al asarlas, se enriquecen sus azúcares naturales y se obtiene un rico sabor. Al igual que las calabazas de verano, las calabazas de invierno contienen una gran cantidad de vitaminas, minerales y fibra, pero en especial son ricas en vitaminas A y C.

● Precaliente el horno a 175°C (350°F). Usando un cuchillo pesado y filoso corte la calabaza a la mitad. Retire las semillas e hilos fibrosos y deseche.

● Coloque la calabaza, con el lado cortado hacia abajo, en un refractario. Llene de agua el refractario hasta cubrir ½ cm (¼ in) de los lados de la calabaza. Ase en el horno entre 45 minutos y una hora, dependiendo del tamaño, hasta que se sienta suave al picarla con un tenedor. Deje enfriar.

● Usando una cuchara pase toda la pulpa a un procesador de alimentos y muela hasta obtener un puré terso. Agregue agua, leche materna o fórmula para diluir la papilla hasta adquirir la consistencia adecuada para su bebé.

Para almacenar Refrigere la papilla una vez que esté fría en un recipiente hermético hasta por 3 días, o congele en moldes para hacer hielos o algún otro recipiente para congelar alimentos hasta por 3 meses.

papilla de camote

camotes dulces, 2, bien limpios

RINDE 2 TAZAS

Los camotes son importantes fuentes de energía nutricional ya que contienen betacaroteno, fibra, vitamina A, vitamina C y minerales como el hierro y cobre. Incorpórelos a la dieta de su bebé como uno de los alimentos principales. Existen distintas variedades de camotes que varían en colorido, desde los cafés hasta los amarillos o anaranjados brillantes (estos últimos también se llaman "batatas").

● Precaliente el horno a 220°C (425°F). Usando un cuchillo pequeño pique los camotes y colóquelos sobre una charola para hornear.

● Ase de 45 a 60 minutos en el horno hasta que se arruguen y se sientan suaves al picarlos con la punta de un cuchillo. Deje enfriar.

● Corte los camotes a la mitad, saque la pulpa de las pieles y muela en un procesador de alimentos hasta obtener un puré terso. Agregue agua, leche materna o fórmula para diluir la papilla hasta adquirir la consistencia adecuada para su bebé. Conforme vaya creciendo su bebé y pueda comer papillas más espesas, machaque alguno o todos los camotes con ayuda de un tenedor.

Nota El método de cocción arriba mencionado también puede utilizarse para cocer papas. Para almacenar la papilla, refrigere una vez que esté fría en un recipiente hermético hasta por 3 días, o congele en moldes para hacer hielos o algún otro recipiente para congelar alimentos hasta por 3 meses.

6 meses

papilla de pera

peras maduras, 4, partidas en cuartos y descorazonadas justo antes de cocer

RINDE 2 TAZAS

● Hierva 2 ½ cm (1 in) de agua en una olla. Coloque las peras en la canastilla para cocer al vapor y póngala dentro de la olla, tape herméticamente y deje que se cuezan al vapor de 7 a 10 minutos, dependiendo de su madurez, hasta que se sientan suaves al picarlas con la punta de un cuchillo.

● Deje enfriar y retire su piel. Muela las peras en un procesador de alimentos hasta obtener un puré terso. Conforme vaya creciendo su pequeño, puede agregar cereal de bebé para espesar este puré que es muy líquido, si así lo desea.

Nota Deje que las peras maduren sobre la cubierta de su cocina. Para almacenar, refrigere el puré una vez que esté frío en un recipiente hermético hasta por 3 días, o congele en moldes para hacer hielos o algún otro recipiente para congelar alimentos hasta por 3 meses. Es normal que el puré se decolore ligeramente durante su almacenamiento.

papilla de manzana

manzanas Golden o Red Delicious, 6, partidas en cuartos y descorazonadas justo antes de cocer

RINDE 2 TAZAS

● Hierva 2 ½ cm (1 in) de agua en una olla. Coloque las manzanas en una canastilla para cocer al vapor y póngala dentro de la olla, tape herméticamente y deje que se cuezan al vapor de 10 a 12 minutos, hasta que se sientan suaves al picarlas con la punta de un cuchillo.

● Deje enfriar las manzanas, reservando el agua de cocimiento. Retire la piel y muélalas en un procesador de alimentos hasta obtener un puré terso. Si desea diluir el puré agregue el agua de cocimiento reservada.

Nota Para almacenar, refrigere el puré una vez que esté frío en un recipiente hermético hasta por 3 días, o en el congelador en moldes para hacer hielos o algún otro recipiente hasta por 3 meses. Es normal que el puré se decolore ligeramente durante su almacenamiento.

Tanto las peras como las manzanas son un delicioso primer alimento para su bebé. Al cocerlas con piel retienen gran parte de sus nutrientes. Las peras tienen un alto contenido de fibra y ayudan a combatir el estreñimiento, mientras que las manzanas tienen el efecto contrario. Las manzanas menos ácidas son las Golden y Red Delicious así como las Fuji, por lo que son la mejor opción para los pequeños.

6 meses

nuevos sabores

explorando nuevos sabores

Muchos bebés comienzan fácilmente a comer alimentos sólidos, mientras que otros se tardan un poco más. Deje que su bebé explore los nuevos sabores y texturas a su propio ritmo, motivándolo a hacerlo poco a poco. Entre más sabores pruebe, mayor será su aceptación hacia una gran variedad de sabores en el futuro.

Al principio, las papillas de los bebés deben ser bastante líquidas, pero con el paso de las semanas se pueden ir espesando conforme el bebé vaya pudiendo digerirlas. Experimente nuevas consistencias utilizando un colador, un molino para alimentos, un prensador de papas o un tenedor. Puede también intentar combinar papillas suaves con trozos pequeños, o espesar las papillas con cereal para bebé. A los 8 meses, algunos bebés comienzan a llevarse la comida a la boca con su propia mano y a masticar pedacitos suaves de comida. Incluso antes de tener muchos de sus dientes, los bebés pueden masticar bastante bien con las encías.

¿Qué tan seguido y cuánto?

Cada mes comience a dar a su bebé una comida adicional, para que al cumplir los 8 meses coma 3 veces al día. Continúe permitiendo a su bebé comer la cantidad que desee en cada comida, de preferencia poco tiempo después de haber sido amamantado o de haber tomado su biberón con fórmula. De esta manera, la leche materna o la fórmula seguirá siendo la principal fuente de alimentación de su bebé y no tendrá demasiada hambre ni estará enojado cuando comience a comer.

Siga ofreciéndole nuevos alimentos uno a la vez, de manera que si hay alguno que no le haya caído bien pueda identificar fácilmente cuál fue. Si su bebé rechaza un alimento o no le gusta su sabor, no lo fuerce ni lo induzca con halagos a que se lo coma, pero tampoco se dé por vencido. Inténtelo de nuevo en otra ocasión. Es muy común que su bebé no acepte un alimento hasta que no lo conozca y se haya familiarizado con él, puede ser que esto ocurra después de 10 ó 15 intentos.

Una vez que su bebé haya probado distintos alimentos, puede comenzar a mezclarlos para crear nuevas combinaciones. A lo largo de este capítulo encontrará recetas de papillas de un solo alimento seguidas de recetas con mezclas de alimentos que su bebé podrá probar una vez que haya probado cada uno de sus ingredientes por separado. Una vez que se haya familiarizado con las comidas de su bebé, ¡anímese e intente alguna nueva receta inventada por usted!

de 7 a 8 meses

puro y simple

Algunos padres ansiosos quieren que sus bebés prueben toda la comida que se sirve en la mesa. Si desea darle a su bebé papillas hechas con la comida que usted come, además de sus papillas especialmente preparadas, tome nota de los siguientes consejos. (Para más detalles sobre nutrición, consulte la página 136.)

Sal

Las papillas preparadas con la comida que se sirve en la mesa pueden tener demasiado sodio proveniente de la sal. No agregue sal a la dieta de su bebé aún. La leche materna, fórmula y muchos otros alimentos ya contienen sodio de manera natural. El sodio en exceso puede sobrecargar el sistema digestivo de su bebé.

Azúcar

A los bebés les gustan los sabores dulces, pero es mejor dejarlos probar los alimentos en su estado natural para enseñarles a disfrutar diferentes sabores. Si usted considera que algunos alimentos como el cereal o la carne necesitan un toque dulce, puede combinarlos con puré de alguna fruta. El azúcar refinado no es nutritivo y los bebés no deben comer miel de abeja hasta cumplir su primer año de edad; incluso la miel de abeja cocida puede contener esporas de botulismo muy dañinas para su salud. Tampoco le dé jugos, ni aunque estén diluidos. Los jugos tienen un alto contenido de azúcar y carecen de fibra y de muchos otros nutrientes que contienen las frutas y verduras frescas. Es mucho mejor que su bebé desarrolle el gusto por el agua natural.

Grasas

A los adultos siempre se nos aconseja eliminar las grasas de nuestra dieta. Sin embargo, los bebés necesitan una dieta alta en grasas. La leche materna, el alimento perfecto de la naturaleza para los pequeños, tiene entre el 40% y 50% de grasas y también es alta en colesterol. Los bebés aprovechan no solamente las grasas "buenas", como las que encontramos en los aguacates o en el aceite de oliva, sino también las grasas saturadas que encontramos en ciertos productos animales como la carne y la mantequilla, las cuales en un futuro deberemos limitar en nuestras dietas. Las grasas que debemos evitar para los bebés son los ácidos grasos trans, también llamadas "grasas hidrogenadas", que se encuentran en la comida rápida y procesada.

Un poco sobre la leche

Cuando los pequeños estén listos para tomar leche entera ésta representará una gran fuente de alimentación. Sin embargo, dé a su bebé leche materna o fórmula hasta cumplir su primer año de edad. La leche de vaca es el alergénico más común en los bebés, es difícil de digerir e interfiere en el proceso de absorción de hierro.

Nuevos alimentos

Estos nutritivos alimentos son excelentes opciones para los bebés de 7 a 8 meses.

Frutas
· · · · ·
chabacano (cocido)
mora azul (cocida)
cereza (cocida)
arándano (cocido)
durazno y nectarina (cocidos)
ciruela pasa y ciruela (cocidas)

Leguminosas
· · · · · ·
algarrobo
ejote
lenteja
chícharos

Carnes
· · · · ·
cordero
pavo

papilla de espárragos

espárragos, un manojo (aproximadamente 450 g/1 lb), sin tallo

RINDE DE ³/₄ A 1 TAZA

- En una olla hierva 2 ½ cm (1 in) de agua. Coloque los espárragos en una canastilla para cocer al vapor y póngala dentro de la vaporera, tape bien y deje que se cuezan al vapor de 7 a 9 minutos, hasta que estén suaves y tomen un color verde brillante. Enjuague los espárragos bajo el chorro de agua fría para detener el cocimiento.

- Muela los espárragos en un procesador de alimentos hasta obtener un puré terso. No necesita utilizar ningún líquido adicional.

Nota Intente que su bebé pruebe esta papilla sola, pero si se niega a comerla mezcle con un poco de papilla de manzana o de pera para que le sea más atractiva. Para almacenar, refrigere la papilla una vez que esté fría en un recipiente hermético hasta por 3 días, o llene moldes para hacer hielos o algún otro recipiente para congelar alimentos y congele hasta por 3 meses.

ejotes con menta

ejotes, 230 g (½ lb), limpios y en trozos

menta fresca, 1 cucharada, picada

aceite de oliva, 2 cucharadas (opcional)

RINDE DE ³/₄ A 1 TAZA

- En una olla sobre fuego medio-alto hierva 2 1/2 cm (1 in) de agua. Agregue los ejotes y hierva. Tape y cocine de 7 a 9 minutos, hasta que estén muy suaves y que adquieran un color verde brillante. Escurra los ejotes y enjuague debajo del chorro de agua fría para detener el cocimiento.

- Muela los ejotes junto con 2 cucharadas de agua y la menta en un procesador de alimentos hasta obtener un puré terso. Si lo desea, agregue el aceite de oliva y sirva.

Nota Conforme vaya creciendo su bebé, podrá darle ejotes en trocitos y después enteros para que se los coma con la mano. Para almacenar esta papilla, refrigere el puré una vez que esté frío en un recipiente hermético hasta por 3 días.

Es probable que durante los primeros meses su bebé acepte con mayor facilidad las verduras verdes, especialmente si les agrega un poco de puré de alguna fruta como se muestra en estas recetas, que más adelante. Los espárragos le ofrecen un buen aporte de vitaminas: A, C, K y varias de las vitaminas B. Los ejotes contienen vitamina C y manganeso, además de una gran cantidad de fibra.

cereal de semilla de mijo para bebé

semilla de mijo,
¼ taza
RINDE ½ TAZA

- Coloque el mijo en la licuadora de 1 a 2 minutos a velocidad media-alta para pulverizarlo por completo.

- En una olla pequeña sobre fuego medio hierva una taza de agua. Agregue el mijo pulverizado y reduzca el fuego a bajo. Cueza de 5 a 7 minutos, revolviendo constantemente, hasta que el agua se haya absorbido por completo.

- Agregue agua, leche materna o fórmula para diluir el cereal hasta adquirir la consistencia adecuada para su bebé. Conforme vaya creciendo su bebé y pruebe otros alimentos, puede combinar el mijo con papillas de frutas o verduras.

Para almacenar Refrigere el cereal una vez que esté frío en un recipiente hermético hasta por 3 días, o congele en moldes para hacer hielos o algún otro recipiente para congelar alimentos hasta por 3 meses.

El mijo y la cebada son dos granos dulces y fáciles de digerir que se pueden encontrar en tiendas especializadas en productos naturistas. Ambos son excelentes granos que puede incluir en la dieta de su bebé, brindándole fibra y minerales como el fósforo, manganeso y magnesio.

cereal de cebada para bebé

cebada perla,
¼ taza

RINDE 1 TAZA

- Coloque la cebada en la licuadora durante 5 minutos a velocidad media-alta para pulverizarla por completo,

- En una olla pequeña sobre fuego medio hierva una taza de agua. Agregue la cebada pulverizada y reduzca el fuego a bajo. Cocine de 4 a 5 minutos, revolviendo constantemente hasta que el agua se haya absorbido por completo.

- Agregue agua, leche materna o fórmula para diluir el cereal hasta adquirir la consistencia adecuada para su bebé. Conforme vaya creciendo su bebé y pruebe otros alimentos, puede combinar el cereal de cebada con papillas de frutas o verduras.

Para almacenar Refrigere el cereal una vez que esté frío en un recipiente hermético hasta por 3 días, o congele en moldes para hacer hielos o algún otro recipiente para congelar alimentos hasta por 3 meses.

cordero para bebé

aceite vegetal para
engrasar

cordero sin hueso, un
filete o trozo de 2 ½
cm (1 in) de grueso

RINDE APROXIMADA-
MENTE ¾ TAZA

- Precaliente el horno a 200°C (400°F). Coloque el cordero en una rejilla engrasada sobre una charola cubierta con papel aluminio. Ase de 12 a 14 minutos por cada lado, volteándola una sola vez, hasta que quede bien cocida y desaparezca su color rosado. Deje enfriar.

- Corte el cordero en trozos gruesos y muela en un procesador de alimentos durante un minuto. Agregue ¼ taza de agua con el procesador encendido. La textura se ablandará. Añada más liquido para diluir la consistencia de la papilla hasta que sea la adecuada para su bebé.

Nota Cuando compre cordero, busque el que tenga un colorido rosado o rojo claro y la menor cantidad de grasa posible, elimine en casa el exceso de grasa. Para almacenar la papilla, refrigere una vez que esté fría en un recipiente hermético durante 1 ó 2 días, o congele hasta por un mes.

pavo para bebé

pavo molido, 230 g
(½ lb)

RINDE APROXIMA-
DAMENTE 1 TAZA

- En una sartén antiadherente sobre fuego medio coloque el pavo y 1/4 taza de agua. Cocine de 3 a 5 minutos, desmoronando el pavo y revolviendo constantemente, hasta que esté bien cocido y haya desaparecido su color rosado. Deje enfriar. Cuele y reserve el líquido de cocimiento.

- Pase el pavo a un procesador de alimentos y muela durante un minuto. Con el procesador encendido, agregue el líquido de cocimiento reservado con ayuda de una cuchara. La textura se ablandará. Agregue más líquido para adelgazar la consistencia de la papilla hasta que sea la adecuada para su bebé.

Para almacenar Refrigere la papilla de pavo en un recipiente hermético de uno a 2 días, o congele hasta por un mes.

La carne roja y el pollo son excelentes fuentes de hierro y proteína para un bebé en crecimiento, y el cordero y el pavo son las mejores opciones para comenzar ya que son fáciles de digerir. Las papillas de carne son más sabrosas si se mezclan con algún puré de fruta que ya haya probado su bebé. El sabor del cordero combina muy bien con la ciruela pasa (página 39) o con chabacanos secos (página 39). Para endulzar y suavizar el sabor del pavo, añádale papilla de manzana (página 27) o de pera (página 27).

papilla de coliflor cremosa

coliflor o brócoli,1 cabeza grande

mantequilla sin sal, 2 cucharadas

RINDE 2 ½ TAZAS

● Lave la coliflor y corte en flores de tamaño similar. Coloque las flores en una olla y cubra con agua fría. Tape la olla, hierva a fuego medio-alto de 15 a 18 minutos, hasta que la coliflor esté suave. Tenga cuidado de que no se cueza de más, ya que la coliflor se separa y desbarata. Escurra.

● Muela la coliflor aún caliente con la mantequilla en el procesador de alimentos hasta obtener una consistencia muy tersa y cremosa.

Para almacenar Refrigere la papilla de coliflor una vez que esté fría en un recipiente hermético hasta por 3 días, o congele en moldes para hacer hielos o algún otro recipiente para congelar alimentos hasta por 3 meses.

La papilla de coliflor contiene vitaminas y fibra además de ser una opción maravillosa para alternar con el puré de papa. Sin embargo, si su bebé sufre por exceso de gases, continúe con las papas por ahora. Para servir este platillo a toda su familia, después de apartar la porción de su bebé, agréguele un poco de sal de ajo y disfrútelo acompañado de alguna carne asada.

papilla de moras azules

moras azules frescas o descongeladas, 2 tazas o una bolsa de 450 g (16 oz o 1 lb)

RINDE ¾ TAZA

Las dulces y deliciosas moras azules son uno de los alimentos más ricos que nos ofrece la naturaleza, además de ser ricas en vitaminas y antioxidantes que combaten las enfermedades. Las cerezas de color rojo oscuro tienen un perfil nutricional muy parecido. A diferencia de las frambuesas y las fresas, éstas no son alergénicas, por lo que pueden agregarse antes a la dieta del bebé.

● Muela las moras en un procesador de alimentos hasta obtener un puré terso. La papilla tendrá pequeños pedacitos de cáscara. Para retirarlos, vierta la papilla en un colador colocado sobre un tazón pequeño para mezclar y cuele el puré haciendo presión con la ayuda de una espátula de plástico. La salsa tendrá una consistencia parecida a la del yogurt.

● Caliente la papilla en una olla pequeña a fuego medio-bajo de 3 a 5 minutos, hasta que esté caliente. Deje enfriar por completo antes de servir.

Nota Al calentar esta papilla después de haberla colado ayuda a desintegrar la fibra y la hace más fácil de digerir. Una vez que su bebé haya probado las moras azules, podrá eliminar el paso de calentar la papilla, únicamente tendrá que moler y servir. Para almacenar, refrigere la papilla una vez que esté fría en un recipiente hermético hasta por 3 días, o congele en moldes para hacer hielos o algún otro recipiente para congelar alimentos hasta por 3 meses.

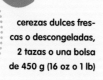

papilla de cerezas

cerezas dulces frescas o descongeladas, 2 tazas o una bolsa de 450 g (16 oz o 1 lb)

RINDE ¾ TAZA

● Muela las cerezas en un procesador de alimentos hasta obtener un puré terso, haciendo una o dos pausas para integrar las cerezas que hayan quedado en los lados del tazón.

● Caliente la papilla en una olla pequeña a fuego medio-bajo de 3 a 5 minutos, hasta que esté caliente. Deje enfriar por completo antes de servir.

Para almacenar Refrigere la papilla una vez que esté fría en un recipiente hermético hasta por 3 días, o congele en moldes para hacer hielos o algún otro recipiente para congelar alimentos hasta por 3 meses.

de 7 a 8 meses

papilla de ciruela pasa

ciruelas pasas
deshuesadas, 8

RINDE 2 TAZAS

• En una olla pequeña sobre fuego medio-alto mezcle las ciruelas con 1 ½ taza de agua y lleve a ebullición. Cuando suelte el hervor reduzca el fuego a bajo y continúe cociéndolas de 8 a 10 minutos, hasta que estén suaves. Las ciruelas pasas se deben poder picar fácilmente con un tenedor. Retire del fuego y deje enfriar reservando el líquido de cocimiento.

• Muela las ciruelas pasas en un procesador de alimentos hasta obtener un puré terso. Agregue un poco del agua de cocimiento reservada para diluir la papilla hasta obtener la consistencia adecuada para su bebé.

Nota Puede diluir el agua de cocimiento y dársela a tomar a su bebé. Para almacenar la papilla, refrigere el puré una vez que esté frío en un recipiente hermético hasta por 3 días, o congele en moldes para hacer hielos o algún otro recipiente para congelar alimentos hasta por 3 meses. El agua de cocimiento o "jugo" de ciruelas también se puede congelar.

papilla de chabacanos secos

chabacanos secos,
1 taza

RINDE 1½ TAZA

• En una olla pequeña sobre fuego medio-alto mezcle los chabacanos con una taza de agua y lleve a ebullición. Cuando suelte el hervor reduzca el fuego a bajo y continúe cociendo alrededor de 10 minutos, hasta que estén suaves. Los chabacanos deben poder picarse fácilmente con un tenedor. Retire del fuego, deje enfriar y reserve el agua de cocimiento.

• Muela los chabacanos en un procesador de alimentos hasta obtener un puré terso. Agregue un poco del agua de cocimiento para diluir la papilla hasta obtener la consistencia adecuada para su bebé.

Para almacenar Refrigere la papilla o el agua de cocimiento una vez que estén frías en un recipiente hermético hasta por 3 días, o congele en moldes para hacer hielos o algún otro recipiente para congelar alimentos hasta por 3 meses.

Las ciruelas pasas y los chabacanos secos son alimentos con grandes beneficios para su bebé. Son ricos en hierro y también contienen vitamina C, la cual ayuda al organismo a absorber el hierro. Además contienen una gran cantidad de fibra. Si su bebé sufre de estreñimiento, estas papillas lo pueden ayudar a resolver su problema. Dele únicamente pequeñas cantidades, ya que con poco será suficiente. Elija frutas secas que hayan sido naturalmente deshidratadas y no aquellas tratadas con dióxido de sulfuro o parafina.

papilla de durazno

duraznos o nectarinas maduras, 4, partidos a la mitad, deshuesados y cortados en trozos del mismo tamaño

RINDE 2 TAZAS

• Hierva 2 ½ cm (1 in) de agua en una olla. Coloque los duraznos en una canastilla para cocer alimentos al vapor, póngala dentro de la olla, tape bien la olla y deje que se cuezan al vapor de 2 a 4 minutos dependiendo de su madurez, hasta que se suavicen pero no se desbaraten. Los duraznos deben poder picarse fácilmente con un tenedor. Déjelos enfriar.

• Separe la cáscara de la pulpa con ayuda de un tenedor y muela en un procesador de alimentos hasta obtener un puré terso. Quizás no necesite agregar líquido adicional.

Nota Una vez que su bebé haya probado los duraznos cocidos, prepare una papilla con duraznos maduros sin piel y sin cocer. Para almacenar, refrigere la papilla una vez que esté fría en un recipiente hermético hasta por 3 días, o congele en moldes para hacer hielos o algún otro recipiente para congelar alimentos hasta por 3 meses.

papilla de ciruela

ciruelas negras medianas, 6, partidas a la mitad y deshuesadas

RINDE 2 TAZAS

• Hierva 2 ½ cm (1 in) de agua en una olla. Coloque las ciruelas en una canastilla para cocer al vapor, ponga dentro de la vaporera, tape bien y deje que se cuezan al vapor de 2 a 3 minutos, dependiendo de su madurez, hasta que se suavicen pero no se desbaraten. Las ciruelas deben poder picarse fácilmente con un tenedor. Déjelas enfriar.

• Separe la cáscara de la pulpa con ayuda de un tenedor y muela en un procesador de alimentos hasta obtener un puré terso. No necesitará agregar líquido adicional.

Para almacenar Refrigere la papilla una vez que esté fría en un recipiente hermético hasta por 3 días o congele en moldes para hacer hielos o algún otro recipiente para congelar alimentos hasta por 3 meses.

Los duraznos y las ciruelas, ambas frutas miembros de la familia de las drupas, son los alimentos perfectos para introducir a la dieta de su bebé durante el verano. Sus papillas son muy sabrosas y pueden combinarse con otros alimentos menos dulces como los cereales, carnes y frijoles. Si los duraznos están fuera de temporada, sustitúyalos con duraznos congelados. Las frutas y verduras congeladas que se venden ya empaquetadas, se cosechan en su punto de maduración y conservan gran parte de sus nutrientes y casi siempre se pueden encontrar las orgánicas.

hierbas para el bebé

Algunos padres se niegan a cocinar con hierbas y especias para sus bebés, ya que la clásica comida envasada para bebé es bastante insípida. Sin embargo, en algunas culturas se les da a los bebés comida preparada con una gran variedad de sazones y sabores desde muy pequeños. Deje que su dieta, su cultura y su bebé sean su guía. Considere a las hierbas y especias como a cualquier otro ingrediente, ofreciéndole una a la vez y comenzando con las de sabor más suave cuando su bebé apenas comience a comer sólidos y conforme vaya creciendo ofrézcale las de sabor más fuerte. Si hay casos de alergias en su familia, tenga extremada precaución cuando le dé a su bebé alcaravea, canela, cilantro, hinojo, páprika y azafrán, ya que pueden provocar algún tipo de reacción.

Albahaca   Aroma parecido a la menta o clavo. Se puede combinar con jitomates, pasta, alubias y espárragos.

Cebollín   Ligero sabor a cebolla. Sabe mejor cuando se espolvorea sobre papas, huevo o platillos de pescado.

Cilantro   Le da un sabor aromático al pollo, aguacate, frijoles negros, arroz, elotes, pepinos y zanahorias.

Eneldo   Sabor fresco y delicado. Se puede combinar con pescado al horno, chícharos y alcachofas.

Menta   Fuerte sabor aromático, excelente con chícharos, ejotes, berenjenas y cordero.

Orégano   Sabor fuerte y acre. Combina bien con el pavo, pastas, calabazas de verano y jitomates.

Perejil   Le da un sabor fresco y dulce a varios platillos. El perejil liso o italiano tiene más sabor y es más fácil de picar y masticar que el perejil chino. Agréguelo a caldos, zanahorias y papas.

Romero   Ligero sabor a pino y menta. Excelente con res, cordero y verduras asadas a la parrilla.

Salvia   Ligero sabor picante y húmedo a menta. Complementa la carne de puerco, pavo, alubias y calabazas de verano.

Estragón   Sutil y aromático sabor a orozuz. Excelente con pollo, pescado blanco, cordero, arroz y espárragos.

Tomillo   Sabor alimonado a menta. Agréguelo a carnes rojas, pollo, pescado, mariscos, betabeles y papas.

sazone con especias

Se recomienda almacenar las especias y hierbas secas en la despensa. Al calentar las especias enteras o molidas en una sartén seca por algunos segundos, resaltarán sus sabores. Por el hecho de haber perdido su humedad natural, las hierbas secas tienen un sabor más concentrado que las frescas. Para sustituir hierbas frescas por secas, triplique la cantidad. Antes de añadir una hierba fresca o seca a un platillo, presione con sus dedos para liberar su sabor.

Pimienta de jamaica	Sabor cálido y natural. Se puede combinar con camotes, manzanas, calabazas de invierno y guisados de carne.
Cardamomo	Sabor dulce y picante con un toque apimentado. Se puede combinar con calabazas de invierno y platillos con curry.
Canela	Sabor fuerte, concentrado y dulce. Le da mucho sabor al queso ricotta, calabazas de invierno y avena.
Comino	Sabor fuerte y acre. Agréguelo a papas, pollo, cuscús y platillos con curry.
Curry	Mezcla de especias aromáticas, suaves y picantes. Excelente con pollo, zanahorias, pastinaca y arroz. Comience con la variedad más suave para su bebé.
Hinojo	Ligero sabor a orozuz. Combina bien con la carne de puerco, col y pescado hervido.
Ajo	Sabor fuerte y picante que sobresalta al cocerse. Se utiliza como sazonador en su versión seca y molida o como condimento e ingrediente en su forma natural. Le da un excelente sabor a las carnes y verduras.
Jengibre	Sabor dulce y picante a la vez. Combina bien con carnes, calabaza de invierno, zanahoria y camote.
Nuez moscada	Sabor ligeramente dulce, picante y aromático. Le da un buen sabor al queso ricota, espinaca, peras y arroz con leche.
Páprika	Ligeramente dulce y amargo. Se puede combinar con el pescado al horno, huevo, elotes y papas asadas.
Pimienta	Tanto la pimienta negra como la blanca son excelentes sazonadores para platillos sazonados. Agréguela a carnes, pollo, huevo y verduras.
Cúrcuma	Sabor natural y apimentado. Le da un toque de sabor y un color amarillo-anaranjado brillante a las papas, lentejas, carnes y platillos con curry.
Vainilla	Tanto sus semillas como su extracto líquido se utilizan para preparar postres horneados, waffles y hot cakes.

de 7 a 8 meses

caldo para bebé

Esta receta es básica y a su vez versátil. Al cocer las verduras, éstas sueltan sus nutrientes en el agua de cocimiento. Una vez que le haya dado a su bebé 2 de las 3 verduras mencionadas en los ingredientes, ponga el nutritivo caldo en su botella en lugar de agua o utilícelo para cocer pescados (página 58) y como ingrediente base de otras recetas.

espárragos, 6

poro, 1 grande, cortado en trozos (1 taza)

camote, ½, sin piel y cortado en trozos (1 taza)

RINDE APROXIMA-DAMENTE 2 TAZAS

- Vierta 4 tazas (1 litro/1 qt) de agua en una olla mediana. Agregue los espárragos, poro y camote y lleve a ebullición sobre fuego alto. Cuando suelte el hervor reduzca el fuego para mantener una ebullición lenta y tape la olla. Hierva sobre fuego lento alrededor de una hora, hasta que las verduras estén muy suaves y que el líquido de cocimiento tenga sabor y color.

- Cuele el caldo a través de un colador y reserve las verduras. Las verduras pueden molerse para preparar papillas para su bebé. Sirva el caldo tibio o frío en un vasito entrenador o en un biberón, o utilícelo para preparar otras recetas.

Nota Si compra camotes orgánicos, puede lavarlos muy bien y dejarles la piel. Para almacenar, refrigere el caldo una vez que esté frío en un recipiente hermético hasta por 3 días, o congele en moldes para hacer hielos o algún otro recipiente para congelar alimentos hasta por 3 meses. Si no tiene tiempo suficiente y prefiere utilizar caldo empaquetado, compre caldo bajo en sodio o sin sodio y preparado con ingredientes naturales que usted conozca y que su bebé ya haya probado con anterioridad. Existe una gran variedad de caldos de muy buena calidad que se venden en empaques asépticos y algunos supermercados tienen también caldos en el área de productos refrigerados o congelados.

de 7 a 8 meses

"risotto" de espárragos

arroz Arborio,
½ taza

Caldo para Bebé (receta anterior) o agua,
1 taza

aceite de oliva extra
virgen o mantequilla
sin sal, 1 cucharadita

estragón fresco, 2
cucharaditas, molido

Papilla de Espárragos
(página 33), entre ⅓
y ⅔ taza

RINDE 1¾ TAZA

● Coloque el arroz, caldo y aceite en una olla sobre fuego medio-alto y lleve a ebullición. Reduzca el fuego a bajo y cocine alrededor de 15 minutos, revolviendo sólo una vez, hasta que el líquido se haya absorbido por completo y el arroz tenga una consistencia espesa y cremosa. Retire la olla del fuego, integre el estragón y deje reposar, tapado, durante 10 minutos. Esponje el arroz con un tenedor, incorporando la papilla de espárragos y revise la temperatura antes de servir.

● Si fuera necesario, muela el "risotto" en un procesador de alimentos hasta obtener la consistencia adecuada para su bebé.

Nota La mantequilla, al igual que el yogurt y el queso, son alimentos que puede darle a su bebé antes de cumplir un año, ya que son alimentos que, por lo general, son menos alergénicos que la leche. Para almacenar, refrigere el arroz una vez que esté frío en un recipiente hermético hasta por 3 días, o congele en moldes para hacer hielos o algún otro recipiente para congelar alimentos hasta por 3 meses.

Tradicionalmente el arroz de grano mediano como el Arborio se utiliza para preparar risotto. Este platillo no requiere la misma atención ni dedicación en estar revolviendo constantemente el arroz que son necesarias para preparar el verdadero risotto, pero el arroz adquiere una consistencia cremosa al cocerse. Si a su bebé no le gustan los espárragos o cualquier otra verdura verde, quizás le gusten más si los mezcla con este reconfortante platillo.

guisado de papas y calabazas de invierno

calabaza de invierno, 1/2 pequeña, sin piel ni semillas

papas amarillas, 6 pequeñas, sin piel

manzana Fuji, 1 mediana, sin piel, partida a la mitad y descorazonada

aceite de oliva extra-virgen, 1 cucharada

Caldo para Bebé (página 44) o agua, 1 1/2 taza

RINDE 4 TAZAS

Ya que su bebé haya probado las papillas de papa, calabaza de invierno y manzana, sin combinar con ningún otro ingrediente y esté listo para avanzar a las combinaciones de alimentos, éste puede ser el platillo perfecto para comenzar. Puede cambiar su textura dependiendo de la etapa en la que se encuentre su bebé: muélalo con un tenedor para obtener una consistencia más espesa o ponga una porción o todo en el procesador de alimentos para obtener una consistencia más tersa.

● Corte la calabaza, las papas y la manzana en trozos de 2 ½ cm (1 in). Debe tener aproximadamente una taza de cada una.

● Caliente el aceite en una olla sobre fuego medio-alto. Agregue la calabaza, las papas y la manzana y cocine de 8 a 10 minutos, revolviendo de vez en cuando. Las manzanas comenzarán a dorarse. Agregue el caldo y lleve a ebullición. Cuando suelte el hervor reduzca el fuego para mantener un hervor lento, tape y hierva a fuego lento de 30 a 35 minutos, hasta que las verduras estén suaves.

● Muela y mezcle con una cuchara de madera, pasa purés o procesador de alimentos hasta obtener la consistencia adecuada para su bebé.

Nota Para mayor practicidad, busque cubos de calabazas de invierno congeladas en la sección de congeladores del supermercado. Para almacenar, refrigere el guisado una vez que esté frío en un recipiente hermético hasta por 3 días, o congele en moldes para hacer hielos o algún otro recipiente para congelar alimentos hasta por 3 meses.

guisado de chícharos secos

Este guisado invernal combina peras y pastinacas ralladas, utilizando las raspas más grandes de un rallador manual, con chícharos frescos o secos. Rallar los alimentos en lugar de picarlos es una excelente opción para añadir más elementos nutritivos a un platillo sin tener que aumentar su tiempo de cocción. Los chícharos deben estar bien cocidos y molidos para que su bebé pueda comerlos.

pastinaca, 1

pera, 1

chícharos secos, ½ taza, bien escogidos y enjuagados

agua, 1 taza

Caldo para Bebé (página 44) o agua, 1¼ taza

RINDE 1½ TAZA

● Retire la piel de la pastinaca y la pera. Usando las raspas grandes de un rallador manual, ralle lo necesario para obtener ¼ taza de cada una.

● En una olla mediana sobre fuego medio mezcle los chícharos, agua, caldo (o agua adicional), pastinaca y pera. Tape y hierva de 30 a 35 minutos, hasta que el líquido se haya absorbido y los chícharos estén suaves. Asegúrese de que los chícharos estén bien cocidos y que su textura no esté granulosa. Agregue más agua o caldo si fuera necesario para que los chícharos no se resequen.

● Machaque y mezcle con una cuchara de madera, prensador de papas o procesador de alimentos hasta obtener la consistencia adecuada para su bebé.

Para almacenar Refrigere el guisado una vez que esté frío en un recipiente hermético hasta por 3 días, o congele en moldes para hacer hielos o algún otro recipiente para congelar alimentos hasta por 3 meses.

de 7 a 8 meses

lentejas y cordero

aceite de oliva extra virgen, 1 cucharadita

romero fresco, 1 cucharadita, finamente picado

espaldilla o filete de cordero, 230 g (½ lb), cortado en piezas de 1 cm (½ in)

Caldo para Bebé (página 44) o agua, 1 ½ taza

lentejas, ¼ taza, limpias y enjuagadas

RINDE 2 TAZAS

● Caliente el aceite en una olla sobre fuego medio-alto. Agregue el romero y cocine durante 30 segundos, hasta que aromatice. Añada el cordero y revuelva constantemente hasta que se dore. Agregue el caldo y las lentejas y lleve a ebullición. Reduzca el fuego para mantener un hervor lento, tape la olla y cocine de 15 a 20 minutos. Añada más agua o caldo si fuera necesario, para que no se resequen las lentejas.

● Muela el cordero y las lentejas en un procesador de alimentos hasta obtener la consistencia adecuada para su bebé.

Para almacenar Refrigere el puré una vez que esté frío en un recipiente hermético hasta por 3 días, o congele en moldes para hacer hielos o algún otro recipiente para congelar alimentos hasta por un mes.

El romero le da un toque especial y aromático a este delicioso platillo rico en proteínas, hierro y otros minerales, vitamina B y fibra. Las lentejas no requieren tanto tiempo de cocción como otras leguminosas (como las alubias o el frijol pinto), lo cual convierte a este puré en un alimento básico para su bebé y fácil de preparar. Antes de moler la papilla de su bebé, reserve un poco para el resto de su familia, sazónelo con sal y sírvalo sobre quinua o cuscús.

ensalada de mijo y calabacitas

mijo, ½ taza

Papilla de Calabacita (página 23), 1/3 taza

Papilla de Manzana (página 27), 2 cucharadas

albahaca fresca, ¼ taza, finamente picada

RINDE 2 TAZAS

- En una olla mediana sobre fuego alto ponga a hervir 2 tazas de agua. Agregue el mijo, tape la olla, reduzca el fuego a bajo y cocine de 35 a 45 minutos, hasta que el agua se haya absorbido por completo.

- Esponje con un tenedor. Debe tener aproximadamente 2 tazas de mijo cocido. Divida el mijo entre dos recipientes y refrigere o congele uno de ellos para utilizarlo más adelante. Agregue la papilla de calabacita y la papilla de manzana al recipiente de mijo restante, deje enfriar e integre la albahaca justo antes de servirlo.

Nota Si lo desea, también puede agregar a este platillo un poco de Pavo para Bebé (página 35) o trozos pequeños de pavo de la comida de los adultos, una vez que su bebé ya sepa masticar su comida. Para almacenarlo, refrigere una vez que esté frío en un recipiente hermético hasta por 3 días, o congele en moldes para hacer hielos o algún otro recipiente para congelar alimentos hasta por 3 meses.

La albahaca le da a esta ensalada de granos y vegetales un sabor fresco y veraniego. Los granos de mijo son muy pequeños, por lo que su bebé no tardará en pasar del Cereal de Semilla de Mijo (página 34) a esta versión sin moler. Este grano entero es un excelente alimento para la dieta de su bebé mientras puede comer trigo un poco más adelante, además toda la familia puede disfrutar de su delicioso sabor a la hora de la cena en lugar del arroz

dulce de amaranto y ciruelas

amaranto, ½ taza

Papilla de Ciruela (página 41) entre ¼ y ½ taza, o ciruela madura, 1

RINDE DE 1²/₃ A 1³/₄ TAZA

Al mezclar el amaranto con papillas de frutas como la ciruela, se suaviza su textura pegajosa. El amaranto es una semilla que se utiliza como grano debido a su similitud en sabor y modo de cocción. También escuchará que lo llaman un súper alimento por ser rico en proteínas, lo cual es raro en el mundo vegetal. El amaranto también contiene una gran cantidad de minerales como el hierro.

● Ponga a hervir 2 tazas de agua en una olla sobre fuego alto. Agregue el amaranto y lleve nuevamente a ebullición. Mezcle, tape la olla y reduzca a fuego bajo. Cocine de 18 a 22 minutos, moviendo ocasionalmente con un batidor globo, hasta que el agua se haya absorbido por completo. El amaranto debe quedar transparente, grueso y pegajoso.

● Mezcle la papilla de ciruela con el amaranto. Para bebés más grandes, simplemente deshuese una ciruela madura, corte en trozos, machaque y mezcle con el amaranto.

Para almacenar Refrigere la mezcla de amaranto una vez que esté fría en un recipiente hermético hasta por 3 días, o congele en moldes para hacer hielos o algún otro recipiente para congelar alimentos hasta por 3 meses.

pilaf de calabaza y quinua

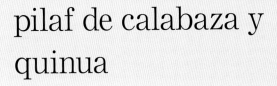

quinua, ½ taza

aceite de oliva extra virgen, 2 cucharadas

Caldo para Bebé (página 44) o agua, 1 ½ taza

calabazas de verano, 2 pequeñas, ralladas

comino molido, ½ cucharadita

RINDE 2 TAZAS

● En una olla mezcle la quinua con una cucharada de aceite de oliva. Agregue el caldo y hierva a fuego medio-alto. Reduzca a fuego bajo, tape la olla y hierva a fuego lento durante 20 minutos. La quinua debe volverse transparente.

● Mientras se cocina la quinua, vierta la cucharada restante de aceite de oliva en una sartén pequeña sobre fuego medio-alto. Agregue las calabazas y el comino y saltee de 3 a 5 minutos, hasta que estén suaves.

● Retire la quinua del fuego. Agregue la quinua a las calabazas y mezcle hasta integrar por completo antes de servir.

Para almacenar Refrigere el pilaf de calabazas y quinua una vez que esté frío en un recipiente hermético hasta por 3 días, o congele en moldes para hacer hielos o algún otro recipiente para congelar alimentos hasta por 3 meses.

La calabacita suaviza la textura de la quinua, una semilla sudamericana que al igual que el amaranto es rica en proteínas. Tiene un sabor parecido al de la nuez y una textura suave, parecida a la del cuscús (que no es un grano, sino una pasta hecha a base de trigo). Puede encontrar la quinua en las tiendas especializadas en alimentos naturistas o saludables, o puede ordenar su pedido por correo electrónico. Este pilaf es un relleno colorido para preparar pimientos rojos o jitomates rellenos para los adultos.

ampliando nuevos horizontes

A esta edad su bebé participa mucho más en las comidas, intenta agarrar la cuchara y comer por sí solo, tira la comida al piso y quizá también se la unta en su cabello. Su bebé intenta ser autosuficiente en la mesa, así que tendrá que sonreír y soportar su tiradero.

Deje que de vez en cuando su bebé agarre la cuchara y practique comer con ella, o dele otra cuchara para que juegue mientras usted le da de comer. En esta etapa las comidas son más caóticas y quizá también más lentas que con anterioridad.

¿Cuánto y qué tan seguido?

Los bebés son muy buenos para saber regular la cantidad de comida que desean si no se les presiona ni se les induce a que coman. Ofrezca a su bebé una variedad de alimentos de diferentes grupos alimenticios a lo largo del día en lugar de preocuparse por "comidas ordenadas".

Siga ofreciendo leche materna o fórmula como su principal fuente alimenticia. Una vez que su bebé haya tomado su leche o fórmula, deje que coma la cantidad de comida que él desee. Cuando 3 comidas al día parecen ya no ser suficientes para calmar el apetito del bebé, es hora de darle tentempiés entre las comidas. Éstos deben ser sanos e incluso puede darle lo que sobró de la comida anterior.

Nuevos sabores

Esta edad presenta nuevas y divertidas categorías de alimentos para introducir a su bebé. A los 9 meses de edad intente darle los productos lácteos más fáciles de digerir: yogurt y queso. (Sin embargo, evite darle leche de vaca hasta después de que cumpla su primer año). Otra opción puede ser darle yema de un huevo duro, pero no las claras ya que son más alergénicas. También puede incluir en su menú una gran variedad de leguminosas y carnes, además de que todos estos nuevos alimentos son ricos en proteínas y excelentes para ayudarlo en su rápido crecimiento. Ofrezca también algunas frutas tropicales y zarzamoras, pero espere hasta que cumpla un año de edad para darle fresas y frambuesas. Su bebé puede empezar a conocer algunas especies del género de los sabrosos allium (de la familia de las cebollas) pero si estas verduras que producen inflamación le caen pesadas, espere un poco más.

Si hay casos de alergias en su familia, recuerde que es importante que cada vez que le dé algo nuevo deberá esperar 3 días antes de dar otro alimento nuevo, para asegurarse de que no le provocó ningún tipo de reacción.

nuevas opiniones

Es recomendable que el menú de su bebé se vaya ampliando ya que sus gustos también se irán moldeando o quizá comience a practicar su propia voluntad. Su bebé puede sorprenderlo negándose a comer alimentos que anteriormente le apetecían.

Puede intentar ofrecerle alimentos que anteriormente no le hayan gustado de otra forma, ya sea untados sobre un pan o combinándolos con otros alimentos, y mantenga siempre la calma y una expresión tranquila. Quizá su bebé cambie de opinión mañana o la semana entrante pero, si usted le muestra a su bebé su descontento (su bebé es un experto reconociendo sus reacciones), tal vez empeore su rechazo hacia dichos alimentos.

Más espeso y con trocitos

Conforme su bebé vaya creciendo y avanzando, motívelo a probar texturas más espesas y con trozos pequeños, pero siempre respete su capacidad para aceptarlas. En esta etapa comenzará a utilizar un procesador de alimentos cada vez menos y un cuchillo para cortar cada vez más. En lugar de moler toda la comida que dé al bebé, muela solamente la mitad y la otra parte córtela en trozos pequeños y luego mézclelas. Las recetas de este capítulo son recetas de comida más "normal" y también pueden darse a niños mayores.

Comer por sí solo

A los 9 meses su bebé tiene la edad suficiente para comenzar a comer alimentos que pueda agarrar con sus dedos. Los bebés de esta edad comienzan a perfeccionar una nueva habilidad: la pinza (utilizando su dedo pulgar y su dedo índice para recoger algunas cosas), y la comida es el objeto perfecto para ponerla en práctica. Además de dar de comer a su bebé alimentos más espesos y con trocitos, póngale algunas piezas pequeñas de comida sobre la charola de su silla de comer. Algunos alimentos recomendables para que su bebé intente recoger con sus dedos son pedacitos de verduras cocidas y de frutas suaves, un pan untado con queso o con papillas de frutas y cortado en trozos pequeños y alimentos que se puedan disolver en su boca, como son los cereales de avena en forma de O.

Ahora que su bebé intenta comer solo, quizá usted tenga la tentación de irse al cuarto de al lado a hacer algún pendiente mientras su bebé está entretenido comiendo en su silla. Sin embargo, es muy importante no perderle de vista mientras come para prevenir un ahogo.

Nuevos Alimentos

Permita a su bebé entre 9 y 11 meses probar estos nuevos alimentos sanos.

Leguminosas

frijoles (frijoles blancos o peruanos, frijoles pintos y garbanzos)
habas
frijoles lima
frijoles de soya y tofu

Lácteos

queso
yogurt

Carnes y Huevo

carne de res
pollo
yema de huevo (no clara)
carne de puerco
carne de ternera

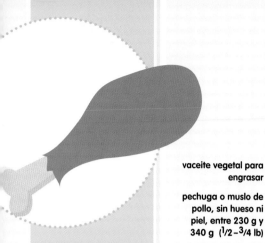

pollo para bebé

vaceite vegetal para engrasar

pechuga o muslo de pollo, sin hueso ni piel, entre 230 g y 340 g (^{1}/2–^{3}/4 lb)

RINDE DE 1^1/2 A 1^3/4 TAZA

Tanto las pechugas de pollo aplanadas y suaves como los muslos con más grasa y ricos en hierro se pueden cocer al horno de maravilla. Sin embargo, para cocinar el pescado resulta mejor cocerlo a fuego bajo para que no se seque. La papilla de pollo se puede combinar con otras papillas y cereales para los más pequeños, mientras que a los más grandes se les puede dar el pollo en trozos pequeños para que puedan sumergirlos en yogurt o en otra salsa nutritiva.

• Precaliente el horno a 200°C (400°F). Coloque una rejilla engrasada con aceite sobre una charola para hornear cubierta con papel aluminio. Coloque el pollo sobre la rejilla y hornee durante 12 minutos de cada lado, volteándolo una sola vez, hasta que pierda su color rosado y esté opaco en el centro.

• Pique el pollo en trozos gruesos, pase a un procesador de alimentos y pulse hasta adquirir una consistencia similar a las migas de pan. A medida que su bebé vaya aprendiendo a masticar, corte el pollo en trozos pequeños en lugar de molerlo.

Para almacenar Refrigere el pollo en un recipiente hermético de 1 a 2 días, o congele hasta por un mes.

pescado para bebé

Caldo para Bebé (página 44) o agua, 1 taza o la cantidad necesaria

filetes de pescado blanco como el halibut, 230 g (½ lb)

RINDE 1 TAZA

• En una sartén sobre fuego medio-alto caliente el caldo. Agregue los filetes de pescado. El caldo debe cubrir aproximadamente la mitad de los lados del pescado. Cocine de 3 a 4 minutos por cada lado, volteándolos una sola vez, hasta que estén opacos. El pescado debe desmenuzarse fácilmente con ayuda de un tenedor. Retire el pescado del fuego y deje enfriar.

• Machaque o desmenuce el pescado hasta obtener una consistencia que sea la adecuada para su bebé.

Nota Si hay casos de alergias en su familia, quizá prefiera esperar más tiempo para dar pescado a su bebé; consulte a su pediatra. Para almacenar, refrigere el péscado en un recipiente hermético durante 1 ó 2 días.

carne de res para bebé

carne magra de res molida, 230 g (½ lb)

RINDE 1 TAZA

● En una sartén antiadherente sobre fuego medio mezcle la carne con ¼ taza de agua. Cocine alrededor de 5 minutos, desmenuzando la carne y revolviendo constantemente hasta que esté bien cocida y haya desaparecido su color rosado. Deje enfriar, escurra la carne y reserve el jugo de cocimiento.

● Si fuera necesario, muela la carne en un procesador de alimentos hasta obtener una textura con grumos pequeños agregando el jugo de cocimiento necesario para humedecer la carne.

Nota Si fuera posible, compre un corte de carne res entero sin grasa y pida al carnicero que se lo muela. Estos cortes son más ricos en proteína que los cortes con más grasa que se utilizan, por lo general, en la carne molida, además quizás pueda comprar carne orgánica y/o carne de res de pastizal, que tiene un mayor contenido de saludables ácidos grasos omega-3 que la carne de res alimentada con granos. Para almacenar, refrigere la carne una vez que esté fría en un recipiente hermético de 2 a 3 días, o congele hasta por un mes.

La carne brinda a su bebé un gran aporte de hierro, proteínas y vitamina B. Cualquier tipo de carne molida, ya sea de cerdo, ternera o cordero, se puede cocinar de este modo para el bebé. Las papillas de carne pueden ser más ásperas e insípidas para comerse solas. Para hacerlas más atractivas, mézclelas con papillas de verduras o frutas.

avena

Un plato de avena es un platillo reconfortante y nutritivo que puede presentarse con diferentes sabores y combinaciones. Esta receta está preparada con hojuelas de avena tradicional, la cual adquiere una agradable textura al cocerse. La avena precocida se cuece más rápido ya que está cortada en trozos más pequeños. Es importante que sepa que la avena instantánea, por lo general, contiene azúcar y otros ingredientes desconocidos.

canela en polvo, ½ cucharadita

extracto de vainilla, 1 cucharadita

hojuelas de avena tradicional, 1 taza

RINDE APROXIMADAMENTE 2 TAZAS

● En una olla mediana sobre fuego alto mezcle 2 tazas de agua con la canela y la vainilla y lleve a ebullición. Cuando suelte el hervor reduzca el fuego a medio-bajo y agregue la avena.

● Cuando comience a hervir, tape la olla, apague el fuego y deje reposar alrededor de 15 minutos, hasta obtener una consistencia espesa y cremosa. Mezcle con leche materna, fórmula o con otras opciones de sabores (abajo mencionadas).

Sugerencias

Las papillas para bebé son excelentes opciones para mezclarse con avena y servirse en el desayuno. A continuación presentamos algunas sugerencias con distintos sabores, colores y texturas para una porción de ½ taza de avena:

1 cucharada de plátano machacado más una cucharadita de Papilla de Moras Azules (página 38)

1 cucharada de Papilla de Chabacanos Secos más una cucharada de pera en trozos pequeños (o mango, para bebés más grandes)

2 cucharadas de puré de manzana (o una cucharada de manzana rallada para bebés más grandes), uvas pasas en trozos pequeños y una pizca de nuez moscada recién molida.

arroz integral para los pequeños

El arroz integral seguirá siendo un excelente alimento básico dentro la dieta de su bebé conforme vaya creciendo, pero cuando sea mayor también podrá probar la versión de grano entero (página 22) en lugar de la de grano molido. Sírvalo como guarnición, cama de arroz para recetas como Curry para Bebé (página 85) o como ingrediente en recetas como Burritos para los Pequeños (página 120)

arroz integral, 1 taza

Caldo para Bebé (página 44) o caldo bajo en sodio, 2 tazas

Alguna papilla de la fruta o verdura de su elección (opcional)

RINDE DE 3 A 4 TAZAS

• En una olla mediana sobre fuego alto mezcle el arroz con el caldo y lleve a ebullición. Integre, reduzca el fuego a bajo, tape la olla y cocine alrededor de 40 minutos, hasta que el caldo se haya absorbido por completo y el arroz esté bien cocido. Retire la olla del fuego y deje reposar, tapado, durante 5 minutos.

• Si fuera necesario, muela el arroz en un procesador de alimentos agregando ¼ taza de agua para evitar que se pegue, o pase a través de un molino para alimentos adaptado con una cuchilla gruesa. El arroz quedará muy pegajoso, pero puede mezclarse con alguna papilla de la fruta o verdura de su elección para darle una consistencia más tersa.

Nota Puede preparar arroz utilizando caldo o consomé en lugar del agua para que tenga más sabor y sea más nutritivo. Si compra caldo preparado, asegúrese de elegir uno bajo en sodio o sin sodio para poder tener más control en la sazón y en la cantidad de sal que agrega a la comida de su bebé.

Las recetas de este capítulo empiezan a introducir un poco de sal en la comida de su bebé. Una ventaja de cocinar para su bebé es que puede controlar la cantidad de sal que se utiliza. Como parte de una dieta baja en alimentos procesados altos en sodio, una pizca de sal le da mucho sabor a la comida y a su vez le ofrece sodio, un nutriente necesario. Sin embargo, si da a su bebé comida rápida o le da probaditas de su plato, le estará dando una alta cantidad de sodio, por lo que quizá deba omitir la sal en las comidas que prepare especialmente para él.

Refrigere el arroz cocido en un recipiente hermético hasta por 5 días.

huevo duro

huevos grandes, 6

RINDE 6 HUEVOS
DUROS

- Coloque los huevos en una olla y agregue el agua necesaria para cubrirlos por 2 ½ cm (1 in). Lleve a ebullición sobre fuego medio-alto. Cuando suelte el hervor retire del fuego, tape la olla y deje reposar durante 5 minutos.

- Escurra el agua y enjuague los huevos bajo el chorro de agua fría para detener el cocimiento. Golpee ligeramente alrededor de cada huevo para romper el cascarón y retírelo. El cascarón se puede retirar más fácilmente comenzando por el lado más redondo del huevo (en donde se concentra el aire).

Nota Cuando la yema adquiere un color gris o verde a su alrededor significa que se sobre coció, pero no es dañino. Para almacenar, refrigere los huevos duros en su cascarón hasta por una semana. Si hay casos de alergias en su familia, quizá sea conveniente que espere más tiempo antes de dar huevo a su bebé; consulte a su pediatra.

yema de huevo para bebé

yema de un huevo duro (vea receta anterior), 1

yogurt natural de leche entera, 1 cucharada

aguacate, 1 cucharada machacado

pan, 1 rebanada

RINDE 2 ½ CUCHA-
RADAS PARA UNTAR

- En un tazón pequeño machaque la yema de huevo con el revés de un tenedor. Agregue el yogurt y el aguacate y machaque hasta obtener una consistencia tersa.

- Unte la mezcla sobre una rebanada de pan y córtelo en cubos o tiras pequeñas para que su bebé se lo pueda comer solo.

Nota Para almacenar la mezcla de yema de huevo, refrigere en un recipiente hermético durante 1 ó 2 días. Si todavía no ha dado trigo a su bebé, busque pan hecho a base de otros granos. El pan sin trigo se encuentra fácilmente y quizá pueda encontrar pan hecho a base de harina de mijo, espelta, trigo duro, teff, arroz o papa.

El huevo es un alimento muy nutritivo, rico en proteínas, calcio, vitaminas y minerales. La mayoría de los pediatras recomiendan dar a los bebés únicamente la yema del huevo antes de cumplir su primer año de edad, ya que las claras son sumamente alergénicas. La mejor forma de separar la yema para un bebé que todavía no come la clara es usando un huevo duro. Advierta que incluso al separar la yema de la clara con sumo cuidado, quizás quede algo de clara sobre la yema.

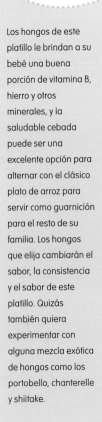

cebada y hongos

cebada perla, ½ taza

mantequilla sin sal, 1 cucharada

ajo, 1 diente, molido

hongos cremini, 2 tazas (170 g/6 oz), finamente picados

Caldo para Bebé (página 44) o consomé bajo en sodio, 1 taza

sal, ¼ cucharadita

pimienta, ⅛ cucharadita

tomillo, ⅛ cucharadita seco o ½ cucharadita de fresco

**RINDE
2½ TAZAS**

• En una sartén seca sobre fuego medio tueste la cebada alrededor de 3 minutos, revolviendo a menudo, hasta que comience a dorarse. Pase la cebada a un tazón.

• En la misma sartén sobre fuego medio derrita la mantequilla. Agregue el ajo y cocine alrededor de un minuto, hasta que aromatice. Añada los hongos y cocine alrededor de 3 minutos, hasta que suelten su jugo y se suavicen. Integre la cebada, el caldo, 1/3 taza de agua, sal, pimienta y tomillo. Lleve a ebullición sobre fuego alto y cuando suelte el hervor reduzca el fuego a medio-bajo, tape y hierva de 30 a 35 minutos, hasta que la cebada esté suave.

• Dependiendo de la edad de su bebé y de su capacidad para masticar, sírvalo entero, pase a través de un molino de alimentos o muela en un procesador de alimentos agregando la cantidad de agua necesaria para adquirir la consistencia deseada.

Para almacenar Refrigere la papilla en un recipiente hermético hasta por 3 días.

Los hongos de este platillo le brindan a su bebé una buena porción de vitamina B, hierro y otros minerales, y la saludable cebada puede ser una excelente opción para alternar con el clásico plato de arroz para servir como guarnición para el resto de su familia. Los hongos que elija cambiarán el sabor, la consistencia y el sabor de este platillo. Quizás también quiera experimentar con alguna mezcla exótica de hongos como los portobello, chanterelle y shiitake.

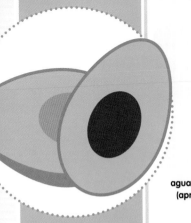

aguacate y queso para untar

Las recetas en esta página contienen un gran aporte nutricional y pueden convertirse en un alimento básico para la dieta de su bebé. Los aguacates son un súper alimento, lleno de proteína, grasa saludable, fibra, vitaminas B y zinc. El smoothie de yogurt es llenador, versátil (se puede hacer con casi cualquier fruta) y es una excelente fuente de proteína para los niños en la etapa de crecimiento.

aguacate grande, ½ (aproximadamente ⅓ taza)

queso crema, ⅓ taza

pan, 1 rebanada

RINDE ⅔ TAZA

• En un tazón pequeño machaque el aguacate con ayuda de un tenedor hasta adquirir una consistencia suave. Agregue el queso crema y machaque hasta incorporar por completo.

• Unte la mezcla sobre un pan y córtelo en cubos o tiras pequeñas para que su bebé pueda comerlo por sí solo.

Nota Para más información sobre el pan sin trigo, consulte la Nota en la receta de Yema de Huevo para Bebé, página 63. Para almacenar refrigere en un recipiente hermético por un día. Esta mezcla quizá se decolore ligeramente al refrigerarse, pero no quiere decir que se haya echado a perder. Al revolver se recupera su color verde pálido.

smoothie de frutas

plátano congelado, 1, cortado en trozos de 5 cm (2 in)

duraznos frescos o congelados, 1 taza, sin piel y cortados en rebanadas

yogurt natural de leche entera, ½ taza

linaza molida, 1 cucharada

RINDE 2½ TAZAS

• Coloque en una licuadora el plátano, duraznos, yogurt y linaza, y muela hasta obtener una mezcla tersa.

Nota A medida que su bebé vaya creciendo, prepare el licuado con moras o frutas tropicales, como mango, piña o papaya. Cuando utilice fruta congelada en lugar de fruta fresca o descongelada, no necesitará agregar hielo, el cual puede ser demasiado frío para los pequeños. Para congelar plátanos, simplemente retire la cáscara, envuélvalos en papel encerado y congele en bolsas especiales para congelar alimentos hasta por 3 meses. No debe olvidar este truco cuando tiene en casa plátanos demasiado maduros. También puede utilizar fruta a temperatura ambiente para aquellos pequeños que no les gusten las bebidas demasiado frías. Para almacenar el licuado, refrigere en un recipiente hermético hasta por 2 días.

gratín de pastinaca y brócoli

mantequilla sin sal para engrasar

pastinacas medianas, 6, sin piel

Caldo para Bebé (página 44) o consomé bajo en sodio, ½ taza

Papilla de Coliflor (página 36) preparada con brócoli, 1 taza

queso parmesano rallado, ½ taza

RINDE 4 PORCIONES DE 9 CM (3½-IN)

● Precaliente el horno a 190°C (375°F). Engrase 4 ramekins o refractarios individuales de 9 cm (3 ½ in).

● Usando una rebanadora de mandolina o con un cuchillo para chef, rebane cuidadosamente las pastinacas en rodajas de ½ cm (¼ in) de grueso. Coloque ½ taza de pastinacas en cada ramekin. Vierta 2 cucharadas de caldo sobre cada porción. Distribuya la papilla de brócoli equitativamente sobre cada molde, extendiéndola hasta cubrir las pastinacas. Cubra cada ramekin con 2 cucharadas de queso parmesano rallado.

● Coloque los refractarios sobre una charola para hornear y hornee alrededor de 25 minutos, hasta que los gratines burbujeen y el queso comience a dorarse. Deje enfriar antes de dar a su bebé.

Para almacenar Envuelva y refrigere hasta por 3 días.

Al preparar este platillo en porciones individuales, lo hace especialmente atractivo tanto para los niños como para los adultos. Quizá incluso convenza a un pequeño obstinado a comerse su brócoli, el cual es altamente rico en vitaminas C y K y contiene además una larga lista de nutrientes. Asegúrese de que se hayan enfriado por completo antes de llevarlo a la mesa para darlo a su bebé.

alimentos que pueden tomar con sus dedos

A los 9 meses de edad, su bebé le demostrará su interés por comer por sí solo tomando de la mesa la cuchara o agarrando la comida con sus manos. Todavía falta tiempo para que pueda llevarse la cuchara a la boca, pero ciertamente ya puede aprender a comer con sus manos. A la hora de la comida, además de lo que usted le dé a cucharadas, dele trozos pequeños de alimentos suaves que él pueda agarrar. Es importante saber que no todos los bebés necesitan tener dientes para poder comer este tipo de alimentos. Pueden masticar bastante bien con sus encías. Sin embargo, para empezar debe elegir alimentos suaves y que se disuelvan fácilmente.

Conforme su bebé se vaya acoplando a estos alimentos, estos podrán empezar a tomar un papel más importante dentro de sus comidas. Coloque en la charola de su silla para comer unos cuantos trozos de 2 ó 3 tipos diferentes de alimentos para darle oportunidad de elegir. Puede ir dándole más conforme se los vaya comiendo. Si ofrece demasiado desde un principio, puede hacerlo perder el interés en comer y quizá únicamente lo motive a tirarlos y a jugar con su comida.

Frutas y Verduras

Elija los más suaves o cocínelos hasta que estén suaves.

- Fruta madura suave: ciruelas, peras, duraznos

- Trozos de plátano maduro o aguacate con cereal de avena en trozos

- Manzanas o peras asiáticas cocidas y partidas en dados pequeños

- Verduras bien cocidas y partidas en dados pequeños: zanahoria, brócoli, ejotes tiernos y calabaza de invierno

Carnes y Lácteos

A los bebés en crecimiento les gustan mucho estos alimentos ricos en proteínas.

- Quesos semisuaves pasteurizados, cortados en cubos diminutos

- Pan de centeno untado con queso de cabra o con paté de hígado y cortado en piezas o tiras pequeñas

- Pollo y pavo cocido y cortado en cubos pequeños

Granos y Leguminosas

Los granos y las leguminosas proporcionan energía para los bebés activos para que aprendan a gatear y a moverse de un lado a otro por sí solos.

- Trozos pequeños de pastel de arroz
- Trozos de pasta de arroz bien cocida

- Cereal de arroz o avena en forma de O

- Frijoles bien cocidos (o enlatados) cortados a la mitad o machacados

tentempiés para pequeños

Conforme un bebé se acerca a su primer cumpleaños y está cada vez más y más activo, ya sea gateando, parándose por sí solo, explorando sus alrededores o tal vez caminado, los tentempiés entre comida y comida se convierten en su fuente de energía. Muchas veces la independencia de un bebé lo lleva a no querer sentarse a comer durante un largo período de tiempo. Sin embargo, a pesar de cualquier tipo de protesta, su bebé debe aprender a sentarse en su silla de comer cuando vaya a hacerlo, ya sea para una comida en forma o un tentempié rápido. Esto lo ayudará a prevenir ahogos, le enseñará buenos hábitos en la mesa y ayudará a controlar el casi imposible tiradero a la hora de las comidas.

Piense en tentempiés que sean más bien comidas miniatura en lugar de alimentos procesados que contengan mucha azúcar o sal, a la venta en los supermercados. Lo más sencillo es darle algo que haya sobrado de alguna comida anterior. A continuación se presentan algunas sugerencias sanas y nutritivas para su pequeño de casi un año de edad.

Frutas y Verduras

Estos alimentos son fáciles de digerir y nutritivos y, por lo general, les gustan a los bebés

- Uvas, fresas, melón, papaya, piña o kiwi, cortados en trozos pequeños

- Chícharos o frijoles de soya (edamame) cocidos al vapor

Carnes y Lácteos

Si su hijo tiene tendencia a las alergias, tenga cuidado al darle huevo y pescado por primera vez y limite la cantidad de atún a una sola vez por semana para todos los niños

- Queso deshebrado en tiras pequeñas

- Carne de res y cordero cocida y cortada en trozos pequeños

- Piezas pequeñas de omelet, frittata y quiche

- Sándwiches miniatura rellenos de ensalada de huevo o atún, hechos con pan para coctel

Granos y leguminosas

Si su hijo tiene tendencia a las alergias, tenga cuidado al darle trigo por primera vez

- Mantecadas y scones

- Bagel de trigo untado con humus, cortado en trozos pequeños

- Galletas de trigo integral untadas con alguna papilla de fruta

- Hot cakes, crepas o waffles, partidos en trozos pequeños

- Pasta cocida cortada en trozos pequeños (penne, moñitos y coditos)

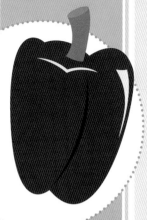

papilla de pimientos rojos asados y queso de cabra

pimiento rojo, 1 grande

queso de cabra pasteurizado fresco, 40 g (1 ½ oz)

RINDE 1 TAZA

Los pimientos rojos, anaranjados y amarillos son suaves y dulces. Además, los tres son ricos en vitamina C y beta-caroteno. En esta receta se agrega queso de cabra rico en proteínas a los pimientos obteniendo un puré terso que se puede servir solo, utilizar como salsa para acompañar fideos de arroz o como salsa de remojo para servir con tiras de verduras al vapor.

● Precaliente el asador de su horno. Cubra una charola para hornear con papel aluminio. Coloque el pimiento rojo entero sobre la charola y ase de 12 a15 minutos, volteándolo de lado cada 3 minutos, hasta que esté uniformemente dorado y se haya ennegrecido por todos lados.

● Saque la charola del horno, coloque el pimiento en un recipiente cerrado y deje enfriar hasta que esté lo suficientemente frío para poder agarrarlo con sus manos. (El vapor dentro del recipiente hará que se le suavice la piel.)

● Retire la piel con sus manos o con un cuchillo mondador. Corte el pimiento longitudinalmente a la mitad y retire las semillas y el tallo. Corte cada mitad longitudinalmente a la mitad una vez más y muela en un procesador de alimentos, hasta obtener un puré terso. No se necesitará agregar ningún líquido para poder molerlo. Usando una cuchara ponga el queso de cabra en el procesador de alimentos y muela con la papilla de pimiento hasta integrar por completo y obtener un puré terso.

Para almacenar Refrigere la papilla en un recipiente hermético hasta por 3 días.

ensalada multicolor

En esta receta las frutas y verduras juegan el papel principal junto con una variedad de colores y sabores ricos en vitaminas que atraerán tanto a niños como adultos. Para obtener el máximo beneficio nutricional, elija calabacitas orgánicas y déjeles la cáscara. Cuando su pequeño tenga la edad suficiente, no retire la piel de la manzana.

pimiento rojo, ½ grande, sin tallo ni semillas y cortado en trozos pequeños

vinagre balsámico, ½ cucharadita

aceite de oliva extra virgen, ½ cucharadita

calabacita mediana, 1

manzana fuji, 1 pequeña, sin piel, cortada a la mitad y descorazonada

RINDE 1 ½ TAZA

● Coloque el pimiento en un procesador de alimentos con el vinagre y el aceite. Pulse hasta obtener la consistencia de una papilla.

● Usando los orificios más grandes de un rallador manual ralle la calabacita y la manzana. Coloque la ralladura de calabacita y manzana sobre una toalla de cocina limpia y seca y, deteniendo sobre un tazón, exprima cuidadosamente para retirar el exceso de líquido. (Almacene el jugo para darlo a beber a su bebé o para mezclarlo con yogurt simple). Coloque la calabacita y la manzana en un tazón mediano y esponje con un tenedor para separar la ralladura.

● Agregue la mezcla de pimiento al tazón con la ralladura y mezcle hasta incorporar por completo.

Para almacenar Refrigere la ensalada en un recipiente hermético hasta por 3 días.

frijoles bayos y arroz

**frijoles bayos peque-
ños, ½ taza**

**aceite de oliva en
aerosol**

**salchicha de pollo
precocida, 85 g (3
oz), picada**

**comino molido, ¼
cucharadita**

**perejil liso fresco,
½ cucharadita,
finamente picado**

**Arroz Integral para
los Pequeños (pá-
gina 62), 1 taza**

RINDE 3 TAZAS

- Limpie los frijoles y enjuague. Para mayor rapidez, mezcle en una olla con 2 tazas de agua y hierva a fuego medio-alto. Deje hervir durante 2 minutos, retire del fuego, tape y deje reposar durante una hora. Escurra y enjuague los frijoles.

- Para cocer los frijoles, mezcle en una olla sobre fuego medio-alto con 2 tazas de agua. Lleve a ebullición. Cuando suelte el hervor reduzca el fuego para mantener un hervor lento, tape la olla y hierva alrededor de 1 ½ hora, hasta que estén suaves. Agregue más agua si fuera necesario para evitar que los frijoles se resequen.

- Rocíe una sartén con aceite de oliva y caliente sobre fuego medio. Agregue la salchicha. Espolvoree el comino y perejil sobre la salchicha, revuelva y cocine de 6 a 8 minutos o según lo indiquen las instrucciones de su empaque, hasta que la salchicha esté bien caliente.

- Mezcle los frijoles, la salchicha de pollo y el arroz. Dependiendo de la edad de su bebé y de su capacidad para masticar, sirva los frijoles y el arroz enteros, machaque con un tenedor o muela en un procesador de alimentos, agregando la cantidad de agua necesaria para obtener un puré terso.

Para almacenar Refrigere los frijoles y el arroz en un recipiente hermético hasta por 3 días.

Cuando limpie los frijoles para preparar este platillo, elija aquellos que sean más pequeños. Al molerlos tendrán una consistencia más suave. Si no tiene mucho tiempo, utilice frijoles enlatados. Esta receta está preparada con salchicha de pollo para darle un mayor sabor, pero es importante saber que incluso sin la salchicha, la mezcla de frijoles con arroz brindan a su bebé una proteína entera (es decir, los 8 aminoácidos esenciales que necesita nuestro organismo).

succotash

mantequilla sin sal, 1 cucharada

frijoles lima o frijoles mantequilla, frescos o descongelados, 1 taza

granos de elote, frescos o descongelados, 1 taza

páprika, ¼ cucharadita

sal, ¼ cucharadita

Caldo para el Bebé (página 44) o consomé bajo en sodio, ½ taza

RINDE 2 TAZAS

● En una olla mediana sobre fuego medio derrita la mantequilla. Agregue los frijoles, granos de elote, páprika y sal; saltee alrededor de 3 minutos, hasta que aromatice. Agregue el caldo, tape la olla y cocine alrededor de 10 minutos, hasta que las verduras estén suaves.

● Dependiendo de la edad de su bebé y de su capacidad para masticar, pase el succotash a través de un molino de alimentos o muela brevemente en un procesador de alimentos para obtener una consistencia parecida a la de un picadillo.

Nota A los pequeños les encantan los frijoles enteros y los granos de elote, ya que podrán comérselos con la mano, pero tenga en cuenta que su bebé se puede ahogar con los granos de elote y que las familias con tendencia a las alergias quizá deban retrasar su introducción hasta que su bebé cumpla un año. Al cumplir un año de edad también puede agregar un poco de jitomate picado para dar más color y vitaminas adicionales. Refrigere en un recipiente hermético hasta por 3 días.

A lo largo de la historia este platillo a base de frijoles ha tenido muchas variaciones; ha evolucionado desde una receta de los nativos americanos que la preparaban con maíz y otros ingredientes del Nuevo Mundo a una receta clásica del sur de los Estados Unidos preparada con la grasa del tocino. Aquí, le hicimos algunas modificaciones para hacerla más sana. Los frijoles lima son ricos en fibra, hierro y minerales, y son pequeños, planos y de color verdoso con un gran sabor a mantequilla y una textura cremosa.

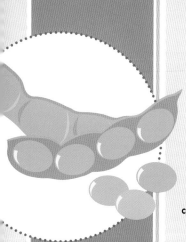

papilla de edamame y yogurt

edamame (o frijol de soya) frescos o congelados, ½ taza, sin vaina

yogurt natural de leche entera, ¼ taza

perejil liso fresco o menta fresca, ¼ cucharadita, finamente picado

RINDE ½ TAZA

Los nutritivos frijoles de soya son una excelente fuente vegetariana de proteínas que contienen además grasas saludables, una gran variedad de vitaminas y minerales, así como fibra. En esta receta la consistencia cremosa del yogurt logra un buen balance con la textura del edamame. Con el paso del tiempo, su bebé disfrutará comer los frijoles de soya simplemente cocidos al vapor en su vaina, con un poco de sal y recién desvainados.

• En una olla ponga 2 ½ cm (1 in) de agua y lleve a ebullición. Si usa frijoles de soya frescos, colóquelos en una canastilla para cocer al vapor y ponga dentro de la olla, tape herméticamente y cocine al vapor alrededor de 20 minutos, hasta que estén suaves. Si usa frijoles de soya congelados, siga las instrucciones de su empaque.

• Muela los edamame en un procesador de alimentos hasta obtener un puré terso, haciendo una pausa a la mitad para incorporar nuevamente los frijoles que se hayan adherido a las paredes del tazón. El puré tendrá la consistencia de una pasta. Agregue el yogurt y continúe moliendo hasta obtener una consistencia cremosa y tersa.

• Agregue el perejil y sirva.

Nota Si hay casos de alergias en su familia, quizás prefiera esperar un poco más de tiempo antes de darle soya a su bebé; consulte a su pediatra. Para almacenar, refrigere en un recipiente hermético hasta por 3 días, o congele la papilla de edamame fresco antes de agregar el yogurt hasta por 3 meses.

papilla sedosa de tofu y durazno

tofu sedoso, 1 taza

Papilla de Durazno (página 41), ¼ taza

germen de trigo tostado, ½ cucharadita (opcional)

RINDE 1¼ TAZA

• En un tazón mediano bata el tofu hasta obtener una consistencia cremosa. Divida el tofu en 4 ramekins o refractarios individuales de 9 cm (3 ½ in).

• Ponga una cucharada de papilla de durazno en el centro de cada ramekin. Con el mango de una cuchara revuelva ligeramente la papilla de durazno con el tofu formando un bonito diseño marmoleado.

• Espolvoree cada porción con $1/8$ cucharadita del germen de trigo tostado, si lo usa.

Nota Si hay tendencia de alergias en su familia, quizá deba esperar un poco más para darle soya y trigo; consulte a su pediatra. Para almacenar refrigere en un recipiente hermético hasta por 3 días.

La papilla veraniega de durazno le da un maravilloso sabor y colorido a esta receta, en la que la saludable soya aparece en su versión fermentada: tofu cremoso y sedoso. Una vez que su bebé coma trigo, espolvoree este platillo con un poco de germen de trigo tostado para darle una textura crujiente con sabor a nuez. Éste es un postre fácil de preparar y una opción de desayuno para cualquier edad.

mezcla de tubérculos

Al asar las verduras se resalta el delicioso sabor y gran colorido de los nutritivos tubérculos. El romero, al igual que muchas otras hierbas, le da un delicioso aroma y sabor a este platillo. Es rico en antioxidantes, compuestos que se pueden encontrar en muchas plantas y que ayudan a mejorar el sistema inmunológico y combaten las enfermedades.

camote, 1

pastinacas, 2

zanahorias, 2

aceite de oliva extra virgen, 2 cucharadas

romero fresco, 2 cucharaditas, finamente picado

sal, ¼ cucharadita

pimienta, ¼ cucharadita

RINDE APROXIMADAMENTE 2 TAZAS

● Precaliente el horno a 200°C (400°F). Retire la piel del camote, pastinacas y zanahorias. Usando una mandolina o un cuchillo para chef, rebane las verduras cuidadosamente en rodajas de 1 cm (½ in) de grueso. Corte las rodajas del camote en cuartos o conforme sea necesario para dejarlas del mismo tamaño que las de pastinaca y zanahoria.

● Coloque las verduras en un platón de cerámica o en un refractario. Rocíe con un chorrito de aceite y espolvoree con el romero, sal y pimienta; revuelva para cubrir. Hornee de 15 a 20 minutos, hasta que las verduras estén suaves.

● Dependiendo de la edad de su bebé y de su capacidad para masticar, machaque una porción de la mezcla de tubérculos y muela la otra parte en un procesador de alimentos, y mézclelas nuevamente para tener una variedad de texturas en un solo paltillo. O simplemente corte las verduras en trozos más pequeños dependiendo de la textura deseada.

Para almacenar Refrigere en un recipiente hermético hasta por 3 días.

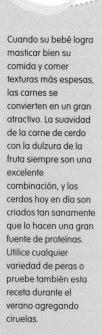

carne de cerdo y peras

Cuando su bebé logra masticar bien su comida y comer texturas más espesas, las carnes se convierten en un gran atractivo. La suavidad de la carne de cerdo con la dulzura de la fruta siempre son una excelente combinación, y los cerdos hoy en día son criados tan sanamente que lo hacen una gran fuente de proteínas. Utilice cualquier variedad de peras o pruebe también esta receta durante el verano agregando ciruelas.

Caldo para Bebé (página 44) o consomé bajo en sodio, 1/2 taza

chuletas de cerdo o trozos de carne de cerdo sin hueso, 230 g (1/2 lb), cortadas en cubos de 1 cm (1/2 in)

pera, 1/2, sin piel y picada

nuez moscada recién molida, 1/8 cucharadita

RINDE 1 TAZA

• En una sartén de 20 cm (8 in) sobre fuego medio hierva el caldo. Agregue la carne e integre con el caldo. El líquido no debe cubrir la carne pues ésta flotará. Hierva a fuego lento alrededor de 3 minutos, hasta que la carne pierda su color rosado. Retire los trozos de carne usando una cuchara ranurada.

• En un tazón pequeño mezcle la pera con la nuez moscada. Agregue la pera a la sartén con el caldo, tape y hierva sobre fuego medio alrededor de 3 minutos, dependiendo de su madurez, hasta que la pera esté suave.

• Muela la carne en un procesador de alimentos y pulse aproximadamente 12 veces, hasta que quede finamente picada.

• Coloque las peras en un tazón pequeño y machaque con el revés de un tenedor. Mezcle la carne de cerdo con las peras. Si fuera necesario, agregue un poco del jugo en el que se cocieron para ajustar su textura.

Para almacenar Refrigere en un recipiente hermético hasta por 3 días.

brochetas de pollo
y verduras

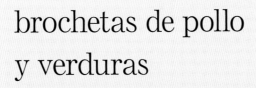

pechuga de pollo sin
piel y deshuesada,
1 grande de 340 g
(¾ lb), cortada en
cubos de 4 cm (1
½2 in)

salsa de soya baja
en sodio, 3 cucha-
radas

aceite de canola, 1
cucharada

azúcar morena, ½
cucharadita

jengibre molido, ¼
cucharadita

calabaza de verano
o invierno, 1 me-
diana

pimiento rojo y/o
anaranjado, 1 me-
diano u 8 pequeños

hongos cafés o
blancos, 8

RINDE 4 BROCHETAS

• Coloque los trozos de pollo en un refractario de vidrio grande. En un tazón pequeño mezcle la salsa de soya, aceite, azúcar y jengibre para preparar una salsa para marinar. Reserve una cucharada de la marinada en un tazón pequeño y vierta el resto sobre el pollo. Tape el refractario y refrigere durante por lo menos 30 minutos o hasta por 4 horas. Mientras tanto, remoje 4 palillos de madera para brochetas en agua fría durante por lo menos 30 minutos.

• Precaliente el asador de su horno o prepare un asador para asar directamente sobre fuego alto. Corte la calabaza en rodajas de 2 ½ cm (1 in). Retire las semillas y tallo del pimiento y corte en cuadros de 1 cm (½ in). Coloque la calabaza, pimiento y hongos en un tazón mediano. Rocíe con la cucharada de marinada reservada y revuelva para cubrir uniformemente.

• Enjuague los palillos de madera. Ensarte el pollo y las verduras en los palillos para brochetas, alternando los ingredientes a su gusto. Si los va a hornear, coloque las brochetas en una charola para hornear ligeramente engrasada. Ase en el horno o en un asador de 5 a 6 minutos, hasta que se hayan dorado de un lado. Voltee y ase de 4 a 6 minutos por el otro lado, hasta que se doren y el pollo se haya cocido por completo.

Para almacenar Refrigere en un recipiente hermético hasta por 3 días.

Esta receta se puede ajustar a cualquier edad y gusto, no únicamente para los pequeños. Elija la mezcla de colorido, verduras y carne que desee y que más se ajuste al gusto de su familia. Si fuera necesario, puede moler las verduras y el pollo para bebés más pequeños. Para niños pequeños, corte las piezas en trozos pequeños de manera que ellos puedan comerlos por sí solos. Sirva este platillo acompañado por la Mezcla de Mijo y Calabacitas (página 51) o con Polenta (página 94).

parfait de zarzamora y queso ricotta

zarzamoras, 1 taza más algunas para decorar

queso ricotta, 1/2 taza

nuez moscada, 1/8 cucharadita, recién molida

canela en polvo, 1/8 cucharadita

RINDE 1½ TAZA

- Muela las zarzamoras en un procesador de alimentos hasta obtener un puré terso. La papilla tendrá las semillas de las zarzamoras. Para retirarlas, pase la papilla a través de un colador de malla fina colocado sobre un tazón pequeño y presione el puré con ayuda de una espátula de plástico.

- En un tazón pequeño mezcle el queso ricotta con la nuez moscada y la canela. En un plato para postre vaya alternando capas de la papilla de zarzamora y la mezcla del queso ricotta. Termine con media zarzamora en la superficie.

Nota Las zarzamoras son menos alergénicas que las fresas o las frambuesas, pero si hay casos de alergias en su familia, quizá deba esperar un poco más para darle cualquier tipo de moras a su bebé; consulte a su pediatra. Para almacenar, refrigere el parfait en un recipiente hermético hasta por 2 días.

Este parfait es una manera encantadora y a la vez saludable de presentar las moras. El colorido y sabor de las capas se hace con un solo tipo de moras como zarzamoras o moras azules o, para bebés mayores, se puede hacer con frambuesas o fresas. También puede probar esta receta mezclando diferentes tipos de moras. El queso ricotta suaviza y enriquece el sabor de las moras, que en algunas ocasiones puede ser un poco ácido, y las especias le dan un toque dulce excepcional.

dal para bebé

Esta versión del clásico y sabroso platillo hindú, que combina especias, verduras y lentejas rojas, no es demasiado picante para el paladar de los pequeños. Las lentejas rojas son más pequeñas que las verdes o los cafés, por lo que se cuecen con mayor rapidez. Son una excelente fuente de proteínas, acido fólico, hierro y otros minerales, así como de fibra para los comensales pequeños.

lentejas rojas, ¹/₃ taza

zanahorias miniatura, 12

papas rojas pequeñas, 3

cebollitas de cambray, 2 cucharadas, picadas

Caldo para Bebé (página 44) o consomé bajo en sodio, 2 tazas o el necesario

curry en polvo, cilantro molido, cúrcuma molida y comino molido, ¼ cucharadita de cada uno

RINDE 3 TAZAS

• Limpie las lentejas, descartando las que no estén enteras. Enjuague y escurra.

• Pique las zanahorias y las papas en trozos pequeños.

• En una olla sobre fuego medio-alto mezcle todos los ingredientes. Tape, reduzca el fuego a medio y cocine alrededor de 20 minutos, hasta que las verduras estén suaves. Revuelva cada 5 minutos y asegúrese de que no se haya absorbido todo el caldo. Agregue más caldo si fuera necesario.

• Dependiendo de la edad de su bebé y de su capacidad para masticar, sirva enteras o muela con un prensador de papas o un procesador de alimentos, agregando la cantidad de agua necesaria para obtener una papilla gruesa.

Para almacenar Refrigere el dal en un recipiente hermético hasta por 3 días.

curry para bebé

pechuga de pollo deshuesada y sin piel, 1 grande de 340 g (3/4 lb)

fécula de maíz, 1 cucharadita

aceite de canola o de semillas de uva, 1 cucharada

calabacitas y/u otro tipo de calabaza de verano, 1 taza, partida en dados

leche de coco, 1/2 taza

Caldo para Bebé (página 44) o consomé bajo en sodio, 1/2 taza

pasta de curry rojo o de curry dulce en polvo, 1 cucharadita

albahaca fresca, 2 cucharadas, picada

RINDE APROXIMADAMENTE 3 TAZAS

- Corte el pollo en tiras delgadas.

- Coloque la fécula de maíz en un tazón pequeño y revuelva con una cucharada de agua.

- Caliente el aceite en un wok sobre fuego medio-alto. Agregue el pollo y saltee alrededor de 2 minutos. Retire el pollo de la sartén y reserve.

- Agregue las calabazas, leche de coco, caldo y la pasta de curry al wok y lleve a ebullición. Cuando suelte el hervor reduzca el fuego a medio, tape y cocine de 6 a 7 minutos, hasta que las calabazas estén suaves. Coloque el pollo nuevamente en el wok y agregue la albahaca. Integre la mezcla de maicena y vierta en el wok. Cocine alrededor de 2 minutos, revolviendo constantemente, hasta que la salsa haya espesado y el pollo se haya cocido por completo.

- Cuando sirva a su bebé su porción, corte el pollo en trozos pequeños.

Nota Para dar al curry de su bebé un sabor tai, busque pasta de curry rojo dulce enlatada que haya sido preparada sin camarones ni mariscos. Es importante que sepa que la pasta de curry verde es más picante que la roja y no debe sustituirla en esta receta. Si no encuentra pasta roja de curry, puede utilizar curry dulce hindú en polvo. Para almacenar, refrigere el curry en un recipiente hermético hasta por 3 días.

Ésta es una sencilla comida preparada en un wok que toda la familia puede disfrutar. Si no cuenta con un wok en casa, utilice una sartén grande. La leche de coco le brinda la dulzura necesaria para ser del agrado de los pequeños. Su contenido de grasa es excelente para los bebés, pero si los adultos quieren compartir este platillo, puede usar leche de coco baja en grasa. Sirva sobre una cama de Arroz Integral para los Pequeños (página 62).

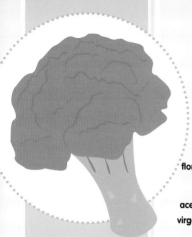

arbolitos

flores de brócoli y/o coliflor, 4 tazas

aceite de oliva extra virgen, 2 cucharadas

sal de mar, ¼ cucharadita

pimienta

RINDE APROXIMA-
DAMENTE 2 TAZAS

Al asar las flores de brócoli y coliflor adquieren un color dorado con pequeñas chispas de color café caramelizado y un sabor delicioso a nuez. Si desea, puede parar los "arbolitos" sobre una cama de papilla de camotes para simular un pequeño bosque con árboles de brócoli (y sumamente nutritivo) que dejará a los pequeños con la boca abierta.

- Precaliente el horno a 200°C (400°F). Asegúrese de que el brócoli y coliflor estén cortados de un tamaño uniforme.

- En un tazón grande mezcle las verduras con aceite, sal y pimienta al gusto. Coloque en un platón de cerámica o un refractario de vidrio. Ase en el horno de 25 a 30 minutos, revolviendo una sola vez, hasta que el brócoli esté tierno y crujiente y tenga pequeñas manchas de color café.

- Sirva caliente o tibio. Dependiendo de la edad de su bebé y de su capacidad para masticar, deje los "arbolitos" enteros, corte a lo largo o pique toscamente.

Nota Si desea, puede servirlo con rodajas de limón verde para los pequeños mayores de 1 año. Para almacenar, refrigere las flores de brócoli en un recipiente hermético hasta por 3 días.

fideos de arroz primavera

Esta receta combina todas las verduras verdes frescas de la primavera y el delicioso sabor del eneldo, pero puede agregarle cualquier verdura o hierba que le apetezca a su bebé. Es un platillo divertido para que su bebé pueda practicar la pinza con sus dedos y poder comer por sí solo. La pasta de arroz es una buena introducción a los fideos ya que no contienen los alergénicos comunes que se encuentran en la mayoría de las pastas de trigo y huevo.

espárragos, ¼ taza, cortados en trozos

chícharos frescos o congelados, ¼ taza

corazones de alcachofa frescos o congelados, 1/3 taza, picados

rfideos de arroz, 230 g (¼ lb)

mantequilla sin sal, 1 cucharada

Papilla de Calabacita (página 23), 2 cucharadas

eneldo fresco, 1 cucharadita, finamente picado

RINDE 4 TAZAS

• Elija una olla en la que pueda colocar una canastilla para cocer al vapor y llénela con 2/3 de agua. Lleve a ebullición sobre fuego medio-alto. Tenga listos los espárragos, chícharos y corazones de alcachofa en la canastilla. Coloque la pasta en la olla y después de haber cocido durante 4 minutos, coloque la canastilla con las verduras en la olla. Tape y cocine alrededor de 5 minutos, hasta que la pasta y las verduras estén suaves.

• Retire la canastilla de la olla. Escurra la pasta reservando una cucharada del líquido de cocimiento y coloque la pasta en un tazón grande. Corte los fideos en trozos pequeños para su bebé con unas tijeras de cocina. Agregue los espárragos, chícharos y corazones de alcachofa al tazón con la pasta. Añada el líquido de cocimiento reservado, la mantequilla, la papilla de calabaza y el eneldo al tazón y revuelva hasta incorporar.

• Dependiendo de la edad de su bebé y de su capacidad para masticar, sirva enteros o muela los chícharos, espárragos y corazones de alcachofa con un tenedor.

Nota Si no cuenta con una olla a la que se le pueda ajustar una canasta vaporera, utilice 2 ollas, una para la pasta y la otra para las verduras. Para almacenar, refrigere la pasta de fideo en un recipiente hermético hasta por 3 días.

espárragos
con queso feta

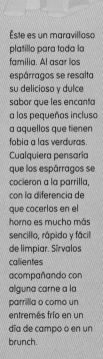

espárragos, 1 manojo (aproximadamente 1 lb)

aceite de oliva, 2 cucharadas

sal de roca o kosher, 2 cucharaditas

queso feta desmoronado, 1/3 taza

RINDE 2 TAZAS

• Precaliente el horno a 200°C (400°F). Cubra con papel aluminio una charola para hornear de 23 x 30 cm (9 x 12 in).

• Corte las terminaciones duras de los espárragos y colóquelos en la charola. Rocíe con aceite, espolvoree con un poco de sal y ruede para cubrirlos. Ase de 8 a 10 minutos, hasta que estén suaves. Retire del horno y espolvoree con el queso.

• Dependiendo de la edad de su bebé y de su capacidad para masticar, deje que se los coma enteros, córtelos en trozos pequeños o machaque ligeramente con un tenedor.

Para almacenar Refrigere los espárragos y el queso feta en un recipiente hermético hasta por 3 días.

Éste es un maravilloso platillo para toda la familia. Al asar los espárragos se resalta su delicioso y dulce sabor que les encanta a los pequeños incluso a aquellos que tienen fobia a las verduras. Cualquiera pensaría que los espárragos se cocieron a la parrilla, con la diferencia de que cocerlos en el horno es mucho más sencillo, rápido y fácil de limpiar. Sírvalos calientes acompañando con alguna carne a la parrilla o como un entremés frío en un día de campo o en un brunch.

DE 12 A 18 MESES

comidas en forma

un mundo de sabor

Nuevos alimentos

Ahora que su bebé ha cumplido un año, usted puede incluir casi todos los alimentos en su menú.

Si no le ha ofrecido los alimentos que tienden a ser más alergénicos como son leche de vaca, huevos, pescado, trigo, soya y fresas, es hora de intentarlo, recordando siempre respetar la regla de los 3 días entre cada nuevo alimento para asegurarse de que no surja ningún tipo de reacción. Actualmente muchos expertos recomiendan esperar un poco más para darles nueces, cacahuates y mariscos a los pequeños.

Granos y Semillas

pan integral
trigo delgado bulgur
maíz
pasta de sémola
y de trigo entero

¡Muchas felicidades! ¡Aunque su pequeño aún no camine, se puede decir que ha llegado a la etapa de la infancia! A estas alturas, seguramente estará comiendo una amplia variedad de alimentos y texturas más espesas. Quizá también esté más interesado que nunca en comer del plato de los adultos o en darle de comer a usted de su comida.

Es probable que su bebé tenga preferencias por ciertos alimentos y que se niegue a comer algunos que antes le apetecían. Continúe ofreciéndole una gran variedad de alimentos aunque se niegue a comerlos. Una buena estrategia es ofrecerle un par de alimentos que ya conozca con algún alimento nuevo. Entre más sabores experimente en esta etapa, más alimentos le gustarán en un futuro, incluso aunque tengan que atravesar la casi inevitable etapa de los caprichos.

¿Qué tan seguido y cuánto?

A esta edad su hijo estará en movimiento continuo, escalando y explorando. Es por eso que necesita una recarga constante para mantener un alto nivel de energía. Debe estar comiendo 3 comidas en forma al día además de 2 ó 3 tentempiés sanos. Puede intentar preparar en la mañana una charola para hacer hielos con diferentes tipos de alimentos para que su bebé elija uno u otro a lo largo del día, ya sea durante su comida o como tentempié.

En esta etapa, entre el 40% y 50% de la dieta de su pequeño debe ser a base de grasas. Para su crecimiento y su desarrollo intelectual, ofrézcale alimentos ricos en grasas y proteínas, como lo son la leche entera, queso, yogurt, carnes, pollo, huevo, pescado y aguacates. (Si desea darle una alimentación vegetariana, consulte a su pediatra para asegurarse de estar cumpliendo con las necesidades nutricionales de su pequeño). Para mantener su nivel de energía, ofrézcale carbohidratos complejos como son los frijoles, los panes integrales y la pasta.

Nuevas Habilidades

A esta edad, su pequeño debe poder tomar agua en un vasito entrenador por sí sólo; es hora de quitarle el biberón. Es probable que no tenga la misma facilidad para comer con la cuchara. Aproximadamente antes de los 18 meses de edad, a los pequeños se les dificulta tomar los alimentos del plato con la cuchara y girar el ángulo de sus muñecas para poder llevarlos a su boca. Deje que siga practicando con la cuchara, especialmente con alimentos más pegajosos como son la polenta o la avena.

comidas en familia

Las recetas de este capítulo las puede disfrutar toda la familia. A estas alturas, ya no es necesario preparar comida especial para su bebé. Su pequeño puede comer la mayoría de los platillos que come mamá, papá y hermanos: simplemente corte en trozos más pequeños o muela su porción para que le sea más fácil

La parte social de las comidas en familia es una experiencia agradable que su pequeño ya puede disfrutar. Intente sentarse y comer, o al menos coma algún tentempié, al mismo tiempo que su hijo. Acerque la silla para comer de su bebé a la mesa principal y platique con él acerca de la comida que le preparó o acerca de su día. Se ha comprobado que las familias que comparten por lo menos una de las comidas del día alrededor de la mesa se mantienen más unidas y al corriente sobre sus vidas, a menudo es el único momento del día en el que se da una verdadera conversación.

Mañas de los Pequeños

Para los 18 meses de edad, su hijo comenzará a desarrollar una serie de curiosas ideas acerca de la comida. Quizá quiera comer su pan u otros alimentos enteros y no en trozos, o quizá solamente quiera comer los alimentos que sean de un determinado color. Tal vez se obsesione con un determinado alimento durante algún tiempo. O, es probable que simplemente se niegue a comer cualquier cosa. Considere los deseos de su pequeño durante las comidas, pero sin acceder a todas sus demandas. Si su bebé se da cuenta de que puede mandar su plato de regreso a la cocina cada vez que no le guste y que le pueden preparar algo especial cada vez que quiere, seguirá demandando cada vez más y más y convertirá a sus padres en sus cocineros privados. En este tema en particular, la firmeza y constancia inalterable y absoluta serán de gran utilidad.

Variedad y Elección

Sea paciente y ofrezca a su pequeño una variedad de alimentos. Permítale ver como usted disfruta de los mismos alimentos que le está dando. Ofrézcale algunos platillos diferentes o alimentos en cada comida, incluyendo alguno que usted sepa que le gustará (si es posible) y déjelo decidir qué va a comer y cuánto. Si le preocupa su consumo de alimentos, tenga siempre en mente lo siguiente: tenga como propósito ofrecer comidas balanceadas a lo largo de la semana, en lugar de poner toda su atención en una comida en particular o en algún día en específico. Quizá un día coma frutas y se niegue a comer verduras; al día siguiente tal vez se devore las verduras. Si su pequeño come poco, ofrézcale alimentos ricos en grasas, calorías y nutrientes, especialmente leche.

Nuevos alimentos

Ahora que su bebé ha cumplido un año, usted puede incluir casi todos los alimentos en su menú.

Verduras
· · · · · · · · ·

espinaca (cocida)
berenjena

Frutas
· · · · · · · · ·

higo
toronja
kiwi
mango
melón
naranja y
otros cítricos
papaya
frambuesa
fresa
jitomate
sandía

Lácteos, Carnes,
Mariscos y Huevo
· · · · · · · · · · ·

leche de vaca
carne de res
huevo entero
pescado

Otros
· · · · ·

miel de abeja

de 12 a 18 meses

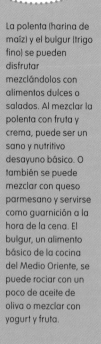

polenta

La polenta (harina de maíz) y el bulgur (trigo fino) se pueden disfrutar mezclándolos con alimentos dulces o salados. Al mezclar la polenta con fruta y crema, puede ser un sano y nutritivo desayuno básico. O también se puede mezclar con queso parmesano y servirse como guarnición a la hora de la cena. El bulgur, un alimento básico de la cocina del Medio Oriente, se puede rociar con un poco de aceite de oliva o mezclar con yogurt y fruta.

sal, ½ cucharadita

polenta, ½ taza

mantequilla sin sal, 1 cucharadita

queso parmesano rallado o crema y fruta, para acompañar

RINDE 1 ½ TAZA

• En una olla sobre fuego medio-alto ponga a hervir 2 tazas de agua con sal. Cuando suelte el hervor reduzca el fuego y agregue la polenta poco a poco. Cocine de 15 a 30 minutos, moviendo frecuentemente con un batidor de globo para evitar que se formen grumos y se pegue, hasta que la polenta adquiera una consistencia espesa, pierda su sabor a grano y el agua se haya absorbido por completo. El tiempo de cocción puede variar dependiendo de la marca que utilice; consulte las instrucciones de su empaque. Tenga mucho cuidado, ya que la polenta comenzará a burbujear y puede saltar de la olla si el fuego está demasiado alto. Agregue la mantequilla y deje enfriar antes de servir.

• Acompañe con un poco de queso parmesano rallado o con crema y fruta fresca cortada en dados.

Para almacenar Refrigere en un recipiente hermético hasta por 4 días.

bulgur

trigo delgado bulgur, ½ taza

uvas pasas doradas (sultanas), ½ taza

agua hirviendo, 1 taza

aceite de oliva o yogurt y fruta, para acompañar

RINDE 2 TAZAS

• En un tazón de vidrio mezcle el bulgur con las uvas pasas. Agregue el agua hirviendo. Cubra el tazón herméticamente y deje reposar alrededor de una hora, hasta que el agua se haya absorbido por completo.

• Sirva el bulgur rociado con un poco de aceite o mezclado con yogurt y con dados de fruta fresca.

Nota El bulgur es una variedad de trigo, por lo que es importante que cuando lo dé a su bebé por primera vez, recuerde dárselo durante 3 días seguidos para asegurarse de que no surja ningún tipo de reacción. Para almacenar refrigere en un recipiente hermético hasta por 4 días.

salsa de queso

mantequilla sin sal, 1 cucharada

harina sin blanquear, 2 cucharadas

leche entera, 1 ¼ taza

queso Suizo o Cheddar, ½ taza, rallado

nuez moscada, ⅛ cucharadita, recién molida

RINDE 1 1/2 TAZA

• En una olla mediana sobre fuego medio-bajo derrita la mantequilla. Agregue la harina y cocine, revolviendo con un batidor globo alrededor de un minuto, hasta que se forme una pasta espesa. Integre la leche poco a poco, batiendo. Bata constantemente de 5 a 7 minutos, hasta que la salsa comience a burbujear y adquiera una consistencia cremosa y espesa. Retire la olla del fuego y agregue el queso y la nuez moscada.

Nota Para preparar esta salsa siéntase con plena libertad para utilizar el queso que más le guste a su familia. Otros quesos que también se derriten muy bien y que tienen un excelente sabor son el mozzarella y el gruyère. Para almacenar, refrigere la salsa de queso en un recipiente hermético hasta por 3 días.

puré de espinaca

espinaca fresca, 1 manojo o 300 g (10 oz) de espinaca congelada

RINDE 1 TAZA

• Si utiliza espinacas frescas, separe las hojas y corte los tallos. Llene el fregadero de su cocina o un tazón grande con agua tibia, ponga a remojar las hojas en el agua y revuelva vigorosamente. La tierra y arena se irán al fondo del tazón y sus hojas quedarán limpias.

• Ponga a hervir 2 ½ cm (1 in) de agua en una olla. Coloque las espinacas en una canastilla para cocer al vapor y colóquela dentro de la olla, tape bien y cocine al vapor de 2 a 3 minutos, hasta que se marchiten y adquieran un color verde brillante. Enjuague las espinacas bajo el chorro de agua fría. Escurra las espinacas, exprima y muela en un procesador de alimentos hasta obtener una consistencia tersa.

Para almacenar Refrigere la espinaca en un recipiente hermético hasta por 3 días.

Algunos niños no comerán sus verduras si no se las presentamos de una manera atractiva. Aquí presentamos dos armas secretas para los padres. La primera es una fácil, cremosa y versátil salsa de queso que mezclada con el Puré de Espinaca (vea receta a la izquierda) o rociada sobre trozos de verduras (o pollo, pescado o pasta) les da un delicioso sabor. La segunda es un puré de espinaca que se puede utilizar para preparar otros platillos y darles un enorme valor nutricional. Pruébelo con la Salsa de Verduras Disfrazada (página 112), con su lasaña favorita o incluso para preparar brownies.

de 12 a 18 meses

crepas de trigo sarraceno

harina de trigo sarraceno, 2/3 taza

harina integral, 1/3 taza

huevos grandes, 2

leche entera, 1 ¼ taza

miel de abeja, 1 cucharada

sal, ¼ cucharadita

mantequilla sin sal para engrasar

RINDE DE 9 A 10 CREPAS

Ya sea cubiertas con mermelada o rellenas de verduras, no hay nada más versátil que las crepas. A pesar de su nombre, el trigo sarraceno que da a estas crepas una textura masticable, no es un tipo de trigo ni tampoco un grano, sino una semilla de fruta. Se utiliza mucho para darles a los postres horneados un alto valor nutricional.

• En un tazón mediano mezcle las harinas, huevos, leche, miel y sal y bata hasta incorporar por completo. La mezcla debe tener una consistencia ligera y líquida.

• Ponga a calentar una sartén para crepas de 25 cm (10 in) ligeramente engrasada o una sartén para freír sobre fuego medio. Vierta ¼ taza de la mezcla para crepas en la sartén y gire la sartén para cubrir toda la base con una capa delgada y uniforme. Cocine la crepa alrededor de 1 ½ minuto, hasta que la parte superior esté firme y la inferior esté ligeramente dorada. Con ayuda de una espátula de plástico a prueba de fuego o con sus dedos, despegue la crepa de las orillas y voltéela. Cocine alrededor de 30 minutos, hasta dorar la crepa por el otro lado. Repita la operación con la mezcla restante, barnizando ligeramente la sartén con un poco de mantequilla entre crepa y crepa. Apile las crepas ya listas una sobre otra, separándolas con papel encerado para evitar que se peguen.

• Las crepas se pueden untar o rellenar con el ingrediente de su elección.

Sugerencias Dulces y Saladas

• Unte las crepas con una capa de queso crema y con una capa de mermelada o de puré de manzana. Enróllelas firmemente y corte transversalmente para formar rollos pequeños.

• Corte las crepas en tiras y sumerja en la Papilla de Moras Azules (página 38) y/o yogurt.

• Después de voltear la crepa, aún estando en la sartén, espolvoree con un poco de queso parmesano o cheddar rallado y espere a que se derrita. Corte la crepa ya fría en trozos pequeños.

• Unte las crepas con Papilla de Espárragos (página 33) y queso ricotta, corte en 4 rebanadas y doble para formar pequeños triángulos.

Para almacenar Cubra las crepas, separadas una de otra con papel encerado, y refrigere durante 3 días o congele hasta por 3 meses.

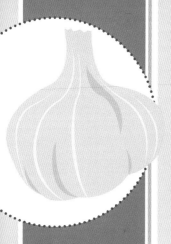

A los pequeños les encanta untar y remojar los alimentos. El hummus les ofrece un delicioso y a la vez nutritivo tentempié que pueden acompañar ya sea con totopos de pan árabe integral, con galletas, con verduras cortadas en bastones o con bagels. El hummus es fácil de preparar pues sólo se necesita una licuadora y unos cuantos ingredientes. Modifique la cantidad de ajo según el gusto de su hijo (¡se sorprenderá al ver cuánto le gusta!).

humus para los pequeños

garbanzos enlatados, 2 tazas

salsa tahini (pasta de ajonjolí), 1/3 taza

ajo, 1 diente, finamente picado (opcional)

limón amarillo, 1, exprimido

aceite de oliva extra virgen, 2 cucharadas o la cantidad necesaria

comino molido, ½ cucharadita

RINDE 2⅓ TAZAS

• Enjuague los garbanzos hasta que el agua salga limpia y escurra perfectamente.

• Mezcle los garbanzos con la salsa tahini, ajo (si lo usa), una cucharada de jugo de limón amarillo, una cucharada de aceite y comino en un procesador de alimentos o en la licuadora y muela hasta obtener un puré terso. Incorpore la mezcla que se haya adherido a los lados del recipiente y agregue la cucharada de aceite restante. Bata de 20 a 30 segundos más, hasta adquirir una consistencia pastosa.

• Pruebe y rectifique la sazón y consistencia con un poco más de aceite o jugo de limón.

Para almacenar Refrigere el humus en un recipiente hermético, hasta por un semana.

totopos de pan árabe

pan árabe, 2 círculos

aceite de oliva, 1 cucharada

especia de su elección, ½ cucharadita (opcional)

RINDE 16 TOTOPOS

• Precaliente el horno a 190ºC (375°F). Corte cada pan árabe en 8 triángulos, como si fuera un pay. Barnice cada totopo con aceite de oliva y coloque sobre una charola para hornear. Espolvoree con la especia de su elección. Hornee alrededor de 10 minutos, hasta que estén crujientes.

Nota Siéntase con plena libertad de elegir la especia que más le guste para darle sabor a estos totopos, desde canela y azúcar mascabada hasta sal de ajo y comino. Para almacenar, refrigere en un recipiente hermético hasta por 4 días.

de 12 a 18 meses

dip de aguacate

aguacate, 1 grande

**jugo de limón fresco,
1 cucharada**

**cilantro fresco, 1
cucharada, fina-
mente picado**

**cebollita de cam-
bray, 1 cucharadita,
finamente picada**

sal, ½ cucharadita

RINDE 3/4 TAZA

- Corte el aguacate a la mitad y retire el hueso. Saque su pulpa con una cuchara y machaque con un tenedor en un tazón.

- Agregue el jugo de limón, cilantro, cebollita de cambray y sal; mezcle hasta incorporar por completo.

Para almacenar Cubra con plástico, presionando sobre la superficie del dip para evitar su decoloración y refrigere hasta por 2 días.

totopos de tortilla

**aceite de oliva en
aerosol**

**tortillas de harina
de 23 cm (9 in) de
diámetro, 5**

RINDE APROXI-
MADAMENTE 20
TOTOPOS

- Precaliente el horno a 190°C (375°F). Cubra una charola para hornear con papel aluminio y rocíe con aceite.

- Corte las tortillas utilizando moldes para galletas de 5 a 7 ½ cm (2 - 3 in) con la figura de su elección. Coloque las figuras de tortillas en una sola capa sobre la charola para hornear preparada. Rocíe ligeramente con un poco de aceite y hornee de 5 a 7 minutos, hasta que estén crujientes.

Nota Para los bebés más pequeños que aún no pueden masticar los crujientes totopos, simplemente corte las tortillas formando distintas figuras y déselas sin hornear. Entre más se horneen, más crujientes estarán. También puede hornear las orillas restantes de las tortillas o comerlas sin tostar. A los niños les encantan las figuras pequeñas y divertidas.

Por lo general, el aguacate es uno de los alimentos favoritos de los pequeños desde que son bebés hasta que alcanzan la niñez, y al mismo tiempo es un tentempié muy completo y rico en grasas que fortalecen su desarrollo intelectual. Ésta es la primera versión de guacamole para bebé, aún espere para darle chile. Puede aumentar la cantidad de cebolla para los pequeños a los que les gustan los sabores más intensos o si los adultos quieren compartir este platillo. Acompañe con totopos de figuras divertidas hechas con tortillas de harina simples, con algún sabor o integrales así como con tiras de verduras o con totopos de pan árabe (vea página anterior).

sopa de calabaza de invierno con pasta de letras

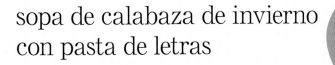

mantequilla, 1 cucharada

cebolla, 1 cucharada, en dados pequeños

Papilla de Calabaza de Invierno preparada con calabaza grande (página 24) o puré de calabaza de invierno enlatado, 1 taza

consomé de pollo bajo en sodio, 2 tazas

Papilla de Manzana (página 27) o cualquier otro puré de manzana, 1 cucharada

pimienta de jamaica, 1/8 cucharadita

tomillo seco, 1/8 cucharadita

pasta de letras, 1/4 taza

RINDE 2 1/2 TAZAS

• En una olla mediana sobre fuego medio derrita la mantequilla. Agregue la cebolla y cocine alrededor de 30 segundos, hasta que aromatice.

• Agregue la papilla de calabaza, consomé, papilla de manzana, pimienta de jamaica y tomillo y lleve a ebullición.

• Añada la pasta y cocine de 8 a 10 minutos, de acuerdo a las instrucciones del empaque, hasta que estén suaves. Deje enfriar ligeramente antes de servir.

Para almacenar Refrigere la sopa en un recipiente hermético hasta por 3 días.

Es una manera divertida para aprender el alfabeto. Si tiene alguna papilla de calabaza de invierno o de algún otro tipo de calabaza en el congelador de cuando su pequeño era menor, utilícela. O utilice puré de calabaza enlatado, el cual además de ser muy práctico ofrece una mayor cantidad de beta-caroteno y vitamina A que el puré fresco debido a su bajo contenido en agua. En las tiendas de alimentos especiales venden sopa de letras simple y con sabor a verduras, o experimente con cualquier otra sopa de pasta de figuras pequeñas, como pueden ser los aritos (anelli) o estrellitas (stelline).

de 12 a 18 meses

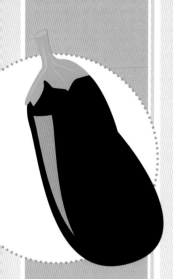

Si a su hijo no le gusta la berenjena, quizá lo ayude saber que es una fruta y no una verdura y que su nombre en francés, aubergine, también se utiliza para describir su maravilloso color morado. La berenjena es un alimento que se disfruta en todo el mundo, desde China hasta el Mediterráneo. En este refrescante dip, inspirado en la cocina hindú, se combina la berenjena con yogurt, menta y un ligero toque de azúcar.

dip de berenjena y menta

berenjena, 1 mediana

yogurt natural de leche de vaca (estilo griego), 1 taza

menta fresca, 2 cucharadas, picada

azúcar sin refinar, 1 cucharadita

jugo de limón fresco, 2 cucharadas

Totopos de Pan Árabe (página 98), para acompañar

RINDE APROXIMA-DAMENTE 2 TAZAS

• Precaliente el horno a 190ºC (375°F). Cubra un refractario con papel aluminio.

• Retire y deseche el tallo de la berenjena y coloque la berenjena en el refractario preparado. Hornee de 45 a 50 minutos, hasta que se sienta muy suave al picarla con la punta de un cuchillo y la pulpa esté tan suave que pueda retirarla con una cuchara. Una vez que se haya enfriado lo suficiente para poder manejarla, quítele la piel y corte en trozos grandes. Muela la berenjena en un procesador de alimentos hasta obtener un puré terso. Rendirá aproximadamente una taza de papilla.

• En un tazón grande revuelva el yogurt hasta ablandarlo y agregue la papilla de berenjena, menta, azúcar y jugo de limón. Acompañe el dip con totopos de pan árabe.

Nota Si no consigue yogurt espeso estilo griego, sustitúyalo por yogurt natural de leche entera. De ser posible, utilice la capa cremosa que se forma hasta arriba del yogurt, ya que esta parte tiene un gran parecido al yogurt estilo griego. Se puede utilizar cualquier otro tipo de yogurt menos espeso para preparar el dip. Para almacenar, refrigere el dip en un recipiente hermético hasta por 3 días.

minestrone de pavo

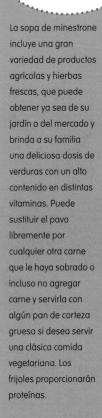

poro, ½

zanahoria, 1, sin piel

calabacita, 1

ejotes, 1 puño

tallo de apio, 1

jitomates, 3 medianos

frijoles cannellini
enlatados, 1 taza

aceite de oliva, 3
cucharadas

carne molida de pavo,
230 g (½ lb)

sal y pimienta

orégano seco, 1
cucharadita

consomé de verduras
bajo en sodio, 4 tazas
(1 litro/1 qt)

pasta de jitomate
(concentrado), 2
cucharadas

hojas de tomillo fresco,
1 cucharada

pasta de coditos, ¼
taza

RINDE
APROXIMADAMENTE
6 TAZAS

- Rebane finamente el poro. Pique la zanahoria, calabacita, ejotes, apio y jitomates. Reserve. Enjuague los frijoles varias veces, hasta que el agua salga totalmente limpia. Reserve.

- En una olla grande sobre fuego medio caliente el aceite. Agregue el pavo, sazone con sal y pimienta y espolvoree con orégano. Cocine de 4 a 5 minutos, revolviendo constantemente para desmoronar la carne, hasta que pierda su color rosado. Retire el pavo de la olla con ayuda de una cuchara ranurada y reserve. Coloque en la olla el poro, zanahoria, calabaza, ejotes y apio. Tape la olla, reduzca el fuego a bajo y continúe cocinando durante 15 minutos, revolviendo de vez en cuando.

- Agregue el consomé, jitomates, pasta de jitomate y tomillo y aumente el fuego a medio-alto. Lleve a ebullición, tape la olla, reduzca el fuego a bajo y hierva a fuego lento durante 20 minutos.

- Agregue los frijoles cannellini y la pasta de coditos y hierva a fuego lento alrededor de 10 minutos o según lo indiquen las instrucciones de su empaque, hasta que la pasta esté al dente. Integre el pavo y cocine alrededor de 5 minutos, hasta que se caliente por completo. Sazone con sal y pimienta al gusto y sirva.

Para almacenar Refrigere la sopa en un recipiente hermético hasta por 5 días.

La sopa de minestrone incluye una gran variedad de productos agrícolas y hierbas frescas, que puede obtener ya sea de su jardín o del mercado y brinda a su familia una deliciosa dosis de verduras con un alto contenido en distintas vitaminas. Puede sustituir el pavo libremente por cualquier otra carne que le haya sobrado o incluso no agregar carne y servirla con algún pan de corteza gruesa si desea servir una clásica comida vegetariana. Los frijoles proporcionarán proteínas.

sopa de elote y salmón

Éste es el platillo perfecto para una comida de fin de semana en familia. Debido a que hay pequeños como Ricitos de Oro a quienes no les gustan los alimentos ni muy calientes ni tampoco muy fríos, esta sopa se puede servir a temperatura ambiente. Recuerde cortar en trozos más pequeños los alimentos del plato de su bebé, de acuerdo a su capacidad para masticar y tragar; los granos de elote pueden ser peligrosos para aquellos pequeños que apenas comienzan a masticar.

papas rojas, 230 g (½ lb)

cebolla, ¼ taza, cortada en dados

tallo de apio, 1

zanahoria, 1 mediana, sin piel

ajo, 1 diente

aceite de oliva, 1 cucharada

hoja de laurel, 1

consomé de verduras bajo en sodio, 1 ½ taza

filete de salmón sin piel, 340 g (¾ lb)

leche entera, 1 ½ taza

granos de elote frescos o congelados, 1 ½ taza

sal y pimienta

RINDE APROXIMADAMENTE 6 TAZAS

• Pele y corte las papas en dados, reserve. Corte en dados la cebolla, apio y zanahoria. Pique finamente el ajo.

• En una olla para sopa sobre fuego medio caliente el aceite. Agregue la cebolla, apio, zanahoria, ajo y la hoja de laurel y saltee de 5 a 7 minutos, hasta que las verduras se doren. Reduzca el fuego a medio-bajo, tape la olla, y continúe cociendo alrededor de 10 minutos, revolviendo de vez en cuando, hasta que las verduras estén suaves. Añada el consomé y las papas, aumente el fuego a alto y lleve a ebullición. Cuando suelte el hervor reduzca el fuego a medio-bajo, tape la olla y cocine alrededor de 12 minutos, hasta que las papas estén suaves.

• Corte el salmón en trozos de 2 ½ cm (1 in).

• En una licuadora muela la leche con una taza de granos de elote. Agregue a la olla los granos molidos, ½ taza de granos de elote enteros y los trozos de salmón. Cocine a fuego medio de 5 a 7 minutos, sin tapar la olla, hasta que el salmón esté totalmente cocido y la sopa esté caliente. Retire la hoja de laurel. Sazone con sal y pimienta al gusto.

• Si la sopa quedara demasiado espesa para su pequeño, puede moler su porción en un molino para alimentos o en el procesador de alimentos.

Nota El salmón es un excelente pescado para los pequeños, ya que tiene un bajo contenido de mercurio y al mismo tiempo ofrece una gran cantidad de ácidos grasos omega-3 que lo ayudarán en su desarrollo intelectual y para la salud de su corazón. Sin embargo, si hay tendencia de alergias en su familia quizá deba esperar un poco más para darle pescado a su pequeño; consulte a su pediatra. Para almacenar, refrigere la sopa en un recipiente hermético hasta por 2 días.

de 12 a 18 meses

hamburguesas de lenteja
con salsa de menta y yogurt

La salsa de menta les da a las hamburguesas un toque de sabor único y una textura maravillosa. Existen diferentes variedades de lentejas: verdes, cafés, rojas, amarillas y negras. Estas hamburguesas vegetarianas utilizan lentejas cafés ricas en proteínas, fibra, minerales y vitaminas B, especialmente ácido fólico.

lentejas cafés, 3/4 taza, limpias y enjuagadas

hojuelas de avena tradicional, ½ taza

ajo, 1 diente, finamente picado

comino en polvo, 1 cucharadita

curry dulce en polvo, 1 cucharadita

huevo grande, 1, batido

sal y pimienta recién molida

yogurt natural simple de leche entera, 1 taza

menta fresca, 2/3 taza, finamente picada

aceite de canola, 1 cucharada

RINDE 6 HAMBUR-GUESAS DE 10 CM (4 IN)

- En una olla grande sobre fuego medio-alto caliente dos tazas de agua con las lentejas. Lleve a ebullición, tape y cocine alrededor de 15 minutos, hasta que las lentejas estén suaves. Escurra.

- Mientras tanto, muela en el procesador de alimentos la avena hasta obtener migas gruesas.

- En un tazón grande machaque las lentejas con un prensador de papas o con un tenedor. Agregue 3 cucharadas de avena molida, ajo, comino y polvo de curry y revuelva hasta incorporar por completo. Agregue el huevo batido y sazone con sal y pimienta. Usando sus manos divida la mezcla en 6 porciones y forme hamburguesas de 10 cm (4 in) de diámetro y 1 cm (½ in) de grueso. Cubra las hamburguesas con la avena restante y déjelas enfriar, sin tapar, en el refrigerador durante 10 minutos.

- En un tazón pequeño mezcle el yogurt y la menta para formar la salsa. Reserve.

- En una sartén grande sobre fuego medio-alto caliente el aceite. Fría las hamburguesas de 3 a 4 minutos por lado, volteándolas una sola vez, hasta que estén crujientes y adquieran un color café.

- Dependiendo de la edad de su pequeño y de su capacidad para masticar, unte la salsa sobre las hamburguesas y corte en trozos pequeños o en tiras para que las pueda remojar en la salsa.

Nota Para niños mayores y adultos, sirva las hamburguesas en pan árabe abierto a la mitad y acompañe con hojas de lechuga, rebanadas de jitomate y un poco de salsa de menta y yogurt. Para almacenar, refrigere las hamburguesas en un recipiente hermético hasta por 2 días, o envuelva en papel encerado y meta en bolsas de plástico especiales para congelar alimentos y congele hasta por un mes. La salsa se puede refrigerar hasta por 3 días.

frituras de verdura miniatura

camote, 1 mediano

calabacita de verano, 1 grande

harina de maíz, 1 taza

polvo para hornear, ½ cucharadita

sal y pimienta

huevo, 1, batido

aceite de canola, 2 cucharadas

crema ácida o mostaza para remojar

RINDE 15 FRITURAS DE 5 CM (2 IN)

● Precaliente el horno a 120°C (250°F).

● Pele y ralle el camote. Ralle la calabacita, con todo y cáscara. Obtendrá aproximadamente una taza de ralladura de cada una. Envuelva las verduras ralladas ya sea en un trapo de cocina limpio o en papel absorbente y exprímalas cuidadosamente para extraer la mayor cantidad de líquido posible. Colóquelas en un tazón mediano.

● En un tazón pequeño mezcle la harina de maíz con el polvo para hornear. Sazone con sal y pimienta al gusto. Agregue la mezcla de harina y el huevo al tazón con las verduras y revuelva hasta incorporar por completo.

● En una sartén grande sobre fuego medio caliente el aceite. Con sus manos húmedas, forme bolas con una cucharada de la mezcla y aplánelas para formar tortitas. Vaya cocinando las frituras de 2 a 3 minutos por tanda, volteándolas una sola vez, hasta que estén doradas y crujientes. Usando una cuchara ranurada y dejando escurrir el exceso de aceite a la sartén, retire las frituras y colóquelas sobre toallas de papel para que se escurran. Coloque sobre una charola para hornear en el horno ligeramente caliente para mantenerlas tibias en lo que están listas las demás frituras. Repita la operación con la mezcla de verduras restante.

● Acompañe con un poco de crema ácida en un tazón pequeño o, para los bebés más aventureros, con un poco de mostaza.

Algunos bebés comen tanta papilla de camote o de otros alimentos ricos en beta-caroteno durante sus primeros meses de introducción a los sólidos, que su piel adquiere una ligera tonalidad anaranjada y sus papás darían lo que fuera por no volver a ver jamás un camote. Ésta es una manera totalmente distinta para ofrecer a sus pequeños este alimento tan nutritivo. Crujientes por fuera y suaves por dentro, estas frituras son una tentación incluso para los pequeños más exigentes, que no sólo se comerán sus verduras sino que las disfrutarán a lo grande.

tentaciones para los pequeños

La infancia es una etapa de cambios repentinos. Quizá su pequeño se niegue a probar su comida favorita, se obsesione con algún alimento durante una semana o incluso puede llegar a comer tan poco que usted se preocupe por su salud. Al entender las razones que están detrás de estos cambios, usted se sentirá más tranquilo sobre los hábitos de alimentación tan alterados de su pequeño.

Las mañas son tal vez un instinto auto-protector de los pequeños. Muchas verduras tienen un sabor amargo y en la naturaleza la acidez muchas veces distingue a las plantas venenosas. Así como una planta venenosa le puede provocar a un adulto algo más grave que una simple enfermedad, puede llegar a ser mortal para los niños pequeños. Algunos científicos piensan que ésta es la razón por la cual los niños parecen estar diseñados para saber cuáles alimentos deben comer y cuáles no. Otras de las razones que producen varios cambios en los hábitos alimenticios se muestran a continuación.

Crecimiento más lento	El crecimiento de su hijo se hace mucho más lento después de cumplir su primer año de edad. Ahora ya no necesita tanta comida como cuando era bebé.
Una abejita ocupada	Su pequeño está muy ocupado y con demasiada energía como para sentarse a comer por un largo período. Para los niños de esta edad es un patrón natural comenzar a hacer varias comidas pequeñas a lo largo del día en lugar de 3 comidas grandes (quizá sea incluso más saludable para los adultos).
Libre albedrío	Los pequeños comienzan a ejercer su voluntad y las horas de las comidas quizá sean un punto clave para hacerlo. Deje que su hijo decida qué comer y cuánto, ofreciéndole una variedad de alimentos sanos en cada comida.
Paladar refinado	Los niños tienen una mayor cantidad de papilas gustativas y mucho más sensibles que los adultos; es por eso que la comida les sabe mucho más fuerte. Como se mencionó anteriormente, los alimentos más ácidos, como lo son muchas de las verduras, les pueden llegar a molestar. Para disfrazarlos, combínelos con otros alimentos.
Buscan confianza	Los pequeños están explorando un mundo lleno de aventuras, pero también les gusta balancear lo nuevo con lo conocido y lo predecible, especialmente durante las comidas y a la hora de dormir. Quizá sea necesario que pruebe un alimento hasta 15 veces para que le llegue a gustar.
Cortocircuito	Los niños se agobian fácilmente. Si le pone demasiada comida en la charola de su silla de comer, quizá le parezca demasiado y termine jugando con la comida o arrojándola al suelo. Sírvale en cantidades pequeñas.

un toque de diversión

Trate de entender los cambios en las necesidades alimenticias de su pequeño para evitar tener enfrentamientos a la hora de las comidas. Una actitud de frustración o una expresión de enojo de su parte quizá simplemente lo distraigan o provoquen un estrés innecesario. Aunque no se puede forzar a un niño a comer, presionarlo o inducirlo a hacerlo pueden afectar la situación, pero lo que sí puede hacer es preparar platillos atractivos y darles un toque de diversión que motiven a su pequeño a la hora de las comidas.

Para poder fomentar en su hijo una serie de hábitos alimenticios saludables, evite premiarlo con ciertos alimentos (como los dulces). La mejor táctica es demostrarle con una ambiente agradable en la mesa que realmente usted está disfrutando de la comida que le preparó mientras el bebé lo ve a usted comer.

Salsas y dips Dele a su pequeño rebanadas de frutas, palitos de verduras o tostadas para que pueda sumergirlos en dips y salsas saludables preparadas con yogurt, frijoles, queso crema, aguacate o papillas de frutas o verduras.

Untar A los niños les encantan las actividades que incluyan untar, embadurnar y pintar. Dele su propio cuchillo o una brocha para poder untar queso suave, papillas de verduras y concentrados de frutas en galletas, pan tostado o pasteles de arroz.

Cubrir Permítales cubrir los alimentos nuevos que vayan a probar con algún sabor, textura o colorido que al bebé le sea familiar para así poder ampliar su menú. Algunas de las opciones favoritas de los niños son el queso gratinado, guacamole, salsa de jitomate, puré de manzana o granola.

Tomar Si su hijo prefiere beber que comer, prepárele licuados saludables con leche, fruta fresca, jugos, germen de trigo, yogurt y miel de abeja (al cumplir un año). O prepárele sopas frías con verduras frescas, yogurt, consomés y hierbas que se puedan tomar ya sea en un plato de sopa o en una taza o usando un popote.

Decorar Tenga creatividad para presentarle la comida a su pequeño: sándwiches en forma de estrellas, hot cakes con caritas de moras. Utilice moldes para cortar galletas, envases que se puedan apachurrar y mucha imaginación para decorar.

Participar Incluso a los más pequeños les gusta ayudar. Permita a su hijo participar lavando las verduras o mezclando las frutas en un tazón para preparar una ensalada, para que tengan más interés en comer lo que ellos mismos prepararon. Llévelos al mercado y permítales ayudar a elegir la comida que más tarde comerán en casa.

pasta orzo con arco iris de verduras

sal

pasta orzo, 1/2 taza

aceite de oliva extra virgen, 1 cucharada

romero fresco, 1 cucharadita, finamente picado

pimientos rojos y amarillos, 1/2 taza, partidos en cuadritos

chícharos frescos o congelados, 1/2 taza

jugo de limón amarillo fresco, 1 cucharadita

pimienta, 1/8 cucharadita

RINDE 2 TAZAS

- Hierva agua en una olla. Agregue una pizca de sal y la pasta orzo. Cocine alrededor de 10 minutos o según lo indiquen las instrucciones de su empaque, revolviendo de vez en cuando, hasta que esté suave. Escurra.

- En una sartén sobre fuego medio caliente el aceite. Agregue el romero y cocine alrededor de 30 segundos, hasta que aromatice. Añada los pimientos y los chícharos y saltee aproximadamente 3 minutos, hasta que estén suaves.

- Agregue la pasta orzo y mezcle con las verduras. Añada un poco de jugo de limón y sazone con sal y pimienta al gusto.

Para almacenar Refrigere este platillo en un recipiente hermético hasta por 3 días.

Este colorido platillo se puede preparar fácilmente con la verdura favorita de su familia en vez de los chícharos y pimientos, por ejemplo: calabazas de invierno, elotes o zanahorias. Cada color diferente de las verduras le ofrece un grupo distinto de antioxidantes para combatir las enfermedades, por lo que entre más amplio sea su rango de colorido, mayor será la cantidad de beneficios de este platillo. Aunque la pasta orzo puede parecer un grano en realidad es una pasta pequeña con forma de cebada perla.

salsa de verduras disfrazada

Muchas veces los padres necesitan ser hábiles para lograr que sus hijos coman las verduras. Esta salsa contiene 2 ingredientes ricos en vitaminas que no les tiene que revelar a su pequeño: espinacas y camotes. Esta deliciosa y espesa salsa se puede utilizar con alguna pasta, con un platillo de Albóndigas con Polenta (página 114) o como salsa de remojo.

aceite de oliva, 2 cucharadas

cebolla, 1/2, en dados pequeños

ajo, 1 diente, finamente picado

Puré de Espinaca (página 95), 1/4 taza

Papilla de Camote (página 26), 1/4 taza

pasta de jitomate (concentrado), 1 cucharada

orégano seco, 1/4 cucharadita

pimienta, 1/4 cucharadita

puré de jitomate, 1 tetra pack de 730 g (26 oz)

melaza oscura (vea Nota), 1 cucharada

queso ricotta, 1/3 taza

RINDE 4 TAZAS

● En una sartén grande sobre fuego medio, caliente el aceite. Agregue la cebolla y acitrone alrededor de 4 minutos, revolviendo de vez en cuando, hasta que esté totalmente transparente. Añada el ajo y cocine alrededor de un minuto, hasta que aromatice. Reduzca el fuego a bajo, agregue el puré de espinaca y la papilla de camote, pasta de jitomate, orégano y pimienta y cocine durante 4 minutos, revolviendo constantemente. Aumente el fuego a alto, agregue el puré de jitomate y la melaza; lleve a ebullición. Cuando suelte el hervor reduzca el fuego a bajo y continúe cociendo durante 20 minutos, sin tapar, revolviendo de vez en cuando.

● Divida la salsa a la mitad y refrigere o congele una parte para usarla más adelante. Sirva la salsa sobre alguna pasta o a un lado para quienes les guste sopear. Cubra cada porción con un poco de queso ricotta.

Nota Se puede usar la melaza clásica, pero la oscura le dará aún más hierro a este platillo y la vitamina C de los jitomates ayudarán a su cuerpo a absorber el hierro. Para almacenar, refrigere la salsa en un recipiente hermético hasta por 4 días, o congele hasta por 3 meses.

cuscús aromático

uvas pasa doradas
(sultanas), 1/4 taza

mantequilla sin sal, 1
cucharada

sal, 1/2 cucharadita

canela en polvo y
comino en polvo,
1/4 cucharadita de
cada uno

cuscús israelí, 1 taza

RINDE APROXIMA-
DAMENTE 4 TAZAS

- En una olla sobre fuego alto mezcle 1 1/4 taza de agua con las uvas pasas, mantequilla, sal, canela y comino y lleve a ebullición. Agregue el cuscús, reduzca el fuego a bajo y cocine durante 3 minutos. Retire del fuego, tape la olla y deje reposar durante 5 minutos. Revuelva por última vez antes de servir.

Nota Se puede sustituir el cuscús israelí por cuscús clásico preparado según las instrucciones de su empaque; sin embargo, no le quedará tan rico y cremoso. Si lo desea, puede agregar una taza del Pollo al Limón y Menta (abajo) justo antes de retirar del fuego. Para almacenar, refrigere el cuscús en un recipiente hermético hasta por 3 días.

El uso de la canela en este sabroso platillo es clásico de la cocina del Medio Oriente y si le agrega pollo se dará cuenta lo bien que esta especia cálida lo complementa. El cuscús no es un grano, aunque mucha gente así lo crea, sino que son pequeñas pelotas de pasta hechas a base de trigo de sémola. El cuscús israelí es blanco y es más grande que la variedad tradicional de cuscús del Mediterráneo. Lo puede encontrar en la sección de los ingredientes secos en algunos supermercados o tiendas especializadas en alimentos.

pollo al limón y menta

aceite de oliva, 1
cucharadita

jugo de limón amarillo
fresco, 1 cucharada

menta fresca, 1 cucha-
radita, finamente
picada

sal y pimienta

pechuga de pollo sin
piel y deshuesada, 1
(aproximadamente
255 g/9 oz

RINDE 1 PECHUGA DE
POLLO DE 255 G (9 OZ)

- Precaliente el horno a 200ºC (400°F). Coloque una rejilla engrasada con aceite sobre una charola para hornear cubierta con papel aluminio.

- En un tazón pequeño mezcle el aceite, jugo de limón amarillo, menta, y sal y pimienta al gusto.

- Coloque el pollo sobre la rejilla preparada y rocíe con la mezcla de aceite y limón. Hornee de 12 a 15 minutos por lado, volteando una sola vez, hasta que el pollo esté totalmente cocido y haya perdido su color rosado del centro.

Para almacenar Refrigere en un recipiente hermético hasta por 3 días.

albóndigas
con polenta

¡Ésta es la clásica y original comida reconfortante italiana! En esta receta de albóndigas, el salvado de avena sustituye al pan molido tradicional y le da más textura y valor nutricional. La próxima vez sirva las albóndigas con puré de papas y mermelada de arándano rojo en lugar de la salsa de jitomate para preparar un clásico platillo sueco.

aceite de oliva en aerosol

salvado de avena, 1/2 taza

leche entera, 1/4 taza

carne molida de res, 450 g (1 lb)

ajo, 1 diente, finamente picado o rallado

eneldo seco, 1 cucharada

nuez moscada, 1/8 cucharadita, recién molida

sal, 1/4 cucharadita

pimienta, 1/4 cucharadita

huevo, 1, ligeramente batido

Polenta (página 94), para acompañar

Salsa de Verduras Disfrazada (página 112), para acompañar

RINDE DE 45 A 50 ALBÓNDIGAS MINIATURA

• Precaliente el horno A 200°C (400°F). Cubra con papel aluminio 2 charolas para hornear y engráselas con aceite en aerosol.

• En un tazón grande mezcle el salvado de avena con la leche. Agregue la carne molida, ajo, eneldo, nuez moscada, sal, pimienta y huevo. Mezcle con sus manos hasta incorporar por completo. Tenga cuidado de no revolver de más. Forme las albóndigas miniatura con una cucharadita de la mezcla de carne y colóquelas en las charolas para hornear preparadas.

• Hornee de 10 a 12 minutos, hasta dorar ligeramente y cocer por completo.

• Coloque las albóndigas sobre la polenta y báñelas con la salsa.
Nota Para variar de vez en cuando, siéntase con plena libertad de sustituir la nuez moscada y el eneldo por semillas de hinojo, orégano o cualquier otra hierba o especia que le guste a su familia. Para almacenar, refrigere las albóndigas en un recipiente hermético hasta por 3 días, o congele hasta por 3 meses. Si lo desea, puede espolvorear con un poco de queso ricotta.

tortitas de salmón

Estas pequeñas tortitas de harina de trigo son una excelente manera para lograr que los pequeños introduzcan el pescado a su dieta. De hecho, el dulce y suave sabor de la polenta combina muy bien con casi cualquier carne, verdura, especia o salsa. Al hornear y cortar el polenta, les facilita a los niños poder tomarlos con sus pequeños dedos sin problema alguno. El jugo de limón amarillo fresco brinda a estas tortitas un delicioso sabor que combina muy bien con el pescado.

consomé de verduras bajo en sodio, 2 tazas

eneldo seco, 1 cucharadita

sal, 1/8 cucharadita

pimienta, 1/8 cucharadita

jugo de limón amarillo fresco, 1 cucharadita

filete de salmón sin piel, 110 g, (1/4 lb), cortado en trozos de 5 cm (2 in)

polenta instantánea, 3/4 taza

mantequilla sin sal, 1 cucharadita

RINDE 9 TORTITAS CUADRADAS DE 6 CM (1/2 IN)

• Precaliente el horno a 200°C (400°F). Cubra un refractario cuadrado de 20 cm (8 in) con papel encerado o papel aluminio, dejando caer un poco de papel hacia los lados del refractario.

• En una olla mediana sobre fuego medio hierva 2 tazas de agua con el consomé, eneldo, sal, pimienta y jugo de limón amarillo. Agregue el salmón y cocine de 4 a 5 minutos, hasta que los trozos estén opacos. Retire los trozos de salmón con una cuchara ranurada y coloque en un tazón; reserve el líquido de cocimiento y ponga en un tazón poco profundo. Usando un tenedor desmorone el salmón en trozos más pequeños.

• Caliente nuevamente el líquido de cocimiento e integre la polenta poco a poco. Reduzca el fuego a bajo y continúe cociendo alrededor de 10 minutos, hasta que la polenta haya absorbido todo el líquido y comience a espesar, revolviendo constantemente para evitar que se pegue y burbujee. Tenga cuidado ya que la polenta puede comenzar a burbujear y a saltar de la olla si el fuego está demasiado alto. Retire del fuego y agregue la mantequilla y el salmón.

• Pase la polenta al refractario preparado y hornee de 30 a 35 minutos, hasta que cuaje y se dore la superficie. Retire el refractario del horno y deje reposar de 10 a 15 minutos para que se endurezca. Levante el papel encerado para pasar la polenta a un platón y córtela en cuadros o en rebanadas del tamaño que sea más conveniente para su pequeño.

Nota Si hay casos de alergias en su familia, quizá sea mejor que espere un poco más para dar pescado a su pequeño; consulte a su pediatra. Para almacenar, refrigere las tortitas de salmón en un recipiente hermético durante 1 ó 2 días.

de 12 a 18 meses

tabule

trigo delgado bulgur, 1/2 taza

agua hirviendo, 1 taza

jugo de limón amarillo fresco, 1/4 taza

menta fresca, 1/3 taza, finamente picada

aceite de oliva, 1/4 taza

sal y pimienta

perejil liso fresco, 1 manojo grande

jitomate, 1 mediano

cebollita de cambray, 1

RINDE APROXIMADAMENTE 2 TAZAS

• Coloque el trigo bulgur en un tazón de vidrio y agregue el agua hirviendo. Deje remojar a temperatura ambiente durante una hora. La mayor parte del agua se absorberá. Escurra, haciendo presión con sus manos para eliminar el agua restante.

• En un tazón pequeño mezcle el jugo de limón amarillo con la menta y el aceite. Sazone con sal y pimienta al gusto. Vierta este aderezo sobre el bulgur y mezcle hasta que los granos estén totalmente cubiertos.

• Retire los tallos al perejil y deséchelos. Pique las hojas de perejil en un procesador de alimentos y mida una taza de hojas. Corte el jitomate y la cebollita de cambray en cubos pequeño. Agregue el perejil, jitomate y cebollita de cambray a la mezcla de trigo bulgur y revuelva.

• Cubra y refrigere durante una hora o hasta por un día para que el bulgur absorba por completo el aderezo y se fundan los sabores. Esponje con un tenedor antes de servir.

Nota El trigo bulgur se puede encontrar en el supermercado en el pasillo de pastas y arroces o en el área de alimentos secos de algunas tiendas que lo venden a granel. Para almacenar, refrigere en un recipiente hermético hasta por 3 días.

En esta receta se mezclan el perejil de color verde brillante lleno de antioxidantes, el saludable y sabroso aceite de oliva y el trigo bulgur integral, rico en fibra, para brindarnos un platillo muy saludable, un alimento clásico de la cocina libanesa. Debido a que el trigo bulgur necesita remojarse tanto antes como después de sazonarse, es necesario prepararlo con anticipación. Sin embargo, su sabor y su textura son tan maravillosos que seguramente este platillo se convertirá en uno de los favoritos de su familia.

quesadillas de pollo y mango

tortillas integrales de 20 cm (8 in), 4

aceite vegetal

queso cheddar, 1¹/2 taza, rallado

Pollo al Limón y Menta (página 113), 1¹/2 taza, deshebrado

mango, 1, sin piel, sin hueso y cortado en rebanadas

cilantro fresco, ¹/4 taza, picado

salsa con picante suave preparada y/o crema ácida, para acompañar (opcional)

RINDE 2 QUESADILLAS

● Precaliente el horno a 190°C (375°F). Barnice 2 tortillas con aceite. Coloque las tortillas con el lado engrasado hacia abajo sobre una charola para hornear. Espolvoree cada tortilla con una cuarta parte del queso, la mitad del pollo, la mitad del mango, la mitad del cilantro y otra cuarta parte del queso. Cubra con otra tortilla, haciendo presión para que se adhiera; barnice la parte superior de las tortillas con aceite.

● Hornee las quesadillas alrededor de 10 minutos, hasta que se caliente su relleno y las orillas comiencen a dorarse. Usando una espátula de metal grande voltee cuidadosamente las quesadillas y hornee alrededor de 5 minutos, hasta que se dore el otro lado.

● Pase las quesadillas a los platos de servir. Usando un cortador para pizza corte en rebanadas de un tamaño adecuado para su pequeño. Deje que el queso se enfríe lo suficiente antes de servir para evitar que se quemen las pequeñas lenguas de los niños. Acompañe con salsa suave y/o crema ácida, si lo desea.

Nota Envuelva las quesadillas una vez que estén frías en plástico adherente y refrigere hasta por 3 días, o congele hasta por 2 semanas.

Los mangos, ricos en vitaminas A y C le dan un toque tropical a la clásica quesadilla. Estas quesadillas son una buena forma de preparar un segundo platillo con los sobrantes de pollo, carne de res o carne de cerdo de alguna comida anterior. El queso les proporciona proteínas adicionales a los pequeños en crecimiento y las tortillas les brindan los carbohidratos necesarios para la obtención de energía. Usted puede cambiar el color y sabor de estas quesadillas eligiendo las tortillas de su ingrediente preferido: espinaca, elote y jitomate, son algunas de las opciones posibles.

burritos para los pequeños

Los burritos son realmente la bestia de carga del mundo alimenticio, ya que pueden llevar los ingredientes que usted desee. Los pegajosos frijoles machacados ayudan a que no se desparramen los demás ingredientes mientras se comen y al complementarlos con arroz integral brindan una ración completa de proteínas. Caliente los frijoles solamente lo suficiente para que se derrita el queso cuando se enrollen.

frijoles pintos, una lata de 425 g (15 oz)

Arroz Integral para los Pequeños (página 62), 3/4 taza

queso Cheddar, 3/4 taza, rallado

salsa con picante suave preparada, 2 ó 3 cucharadas (opcional)

tortillas integrales de 20 cm (8 in), 6

RINDE 6 BURRITOS DE 15 X 5 CM (6 X 2 IN)

• Enjuague los frijoles hasta que el agua salga totalmente limpia y escúrralos perfectamente. Pase a un tazón grande y macháquelos con un prensador de papas. En una olla sobre fuego medio caliente los frijoles.

• Agregue el arroz, queso y salsa (si la usa) a los frijoles y revuelva hasta incorporar por completo. Divida la mezcla uniformemente sobre las tortillas. Doble 2 de las orillas y enrolle los burritos.

Para almacenar Perfectos para manos pequeñas, los burritos se pueden guardar en el congelador y usar para preparar un almuerzo o cena de última hora o también para llevar. Envuelva los burritos de manera individual en papel aluminio, guarde en una bolsa de plástico especial para congelar alimentos y congele hasta por 3 meses. Para descongelar, coloque en el refrigerador desde la noche anterior.

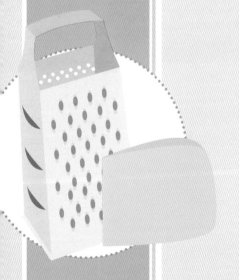

frituras de verduras al horno

aceite de oliva extra virgen

betabel, 230 g, (1/2 lb)

nabo, 1 (1/2 lb)

camote, 1, 230 g (1/2 lb)

tomillo fresco, 1 cucharada, finamente picado

perejil liso fresco, 1 cucharada, finamente picado

salvia fresca, 1 cucharada, finamente picada

sal de mar, 1/2 cucharadita

RINDE APROXIMADAMENTE 2 TAZAS

● Precaliente el horno a 260°C (500°F). Cubra dos charolas para hornear con papel aluminio y engrase el papel con aceite.

● Pele el betabel, nabo y camote. Usando un cuchillo filoso o una mandolina corte cada tubérculo en 6 rebanadas de 1 cm (½ in) de grueso y después corte cada rebanada en tiras de 1 cm (½ in) de ancho.

● En un tazón pequeño mezcle el tomillo, perejil, salvia y sal de mar. En un tazón grande mezcle las verduras con 2 cucharadas de aceite y con la mezcla de hierbas.

● Extienda las verduras en una sola capa sobre las charolas para hornear preparadas. Hornee de 20 a 25 minutos, volteando ocasionalmente con ayuda de unas pinzas, hasta que las verduras estén suaves y doradas. Pase a un platón y seque con toallas de papel.

● Corte las tiras en cubos del tamaño que su pequeño pueda manejar.

Nota El betabel pinta de rosa a las demás verduras, las yemas de los dedos e incluso la ropa. Si desea que no se pinte el nabo, separe el betabel en otro tazón y sazone cada uno por separado. Para almacenar, refrigere las frituras de verduras en un recipiente hermético hasta por 3 días.

Estas fáciles frituras horneadas preparadas a base de una mezcla de betabel rojo, nabo blanco y camotes anaranjados, no solamente tienen un colorido maravilloso sino que también son deliciosas y están llenas de beta-caroteno y gran variedad vitaminas y minerales. Al estar hechas con aceite de oliva y no estar totalmente fritas, las pueden también disfrutar los adultos sin ningún remordimiento. La mezcla de hierbas les da un delicioso sabor que encanta tanto a niños como a los adultos. Siéntase con plena libertad de prepararlas con una sola verdura si así lo desea.

coditos con queso

pasta de coditos, 230 g, (1/2 lb)

brócoli y/o coliflor, 1 1/2 taza, cortados en flores del mismo tamaño

leche entera, 1 taza

queso cheddar blanco, 340 g, (3/4 lb) rallado (aproximadamente 3 tazas)

sal

pimienta, 1/4 cucharadita

queso parmesano, 3 cucharadas, rallado

RINDE APROXIMADAMENTE 4 TAZAS

● Precaliente el horno a 175°C (350°F). Ponga a hervir agua en una olla sobre fuego alto. Reduzca el fuego a medio y agregue los coditos y las verduras. Cocine de 7 a 10 minutos, hasta que la pasta esté al dente y las verduras estén suaves pero que no se desmoronen. Escurra la pasta y las verduras y vuelva a colocar dentro de la olla.

● En una olla pequeña sobre fuego bajo caliente la leche. Agregue la leche caliente y el queso cheddar a la olla con la pasta y las verduras y mezcle hasta integrar por completo. Sazone con sal al gusto, agregue la pimienta y revuelva nuevamente.

● Coloque la mezcla de pasta en un refractario cuadrado de 20 cm (8 in) de vidrio o cerámica. Espolvoree con el queso parmesano. Hornee alrededor de 15 minutos, hasta que burbujee. Deje reposar de 5 a 10 minutos antes de servir.

Para almacenar Refrigere hasta por 3 días, o congele hasta por 2 meses.

Incluso las presentaciones empaquetadas de coditos con queso que se venden en los supermercados necesitan cocerse, por lo que preparar esta receta desde el principio no requiere de mucho más esfuerzo y los resultados son mucho mejores. Se puede preparar con o sin verduras. El brócoli y la coliflor son una excelente opción ya que su tiempo de cocción es el mismo que el de la pasta.

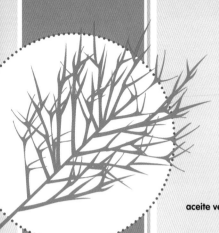

deditos
de pescado

Este platillo de pescado al horno sabe muy bien con carnoso mahimahi, pero puede utilizar el pescado blanco de su preferencia. El pescado es una excelente fuente de proteínas y ácidos grasos omega-3 que benefician la salud de su corazón; además el pescado blanco tiene un sabor más suave que otros pescados como el salmón, lo cual propicia que a sus pequeños les guste. El maravilloso sabor del eneldo combina muy bien con el pescado, pero puede utilizar la hierba que usted desee. El panko, pan molido japonés, es mucho más ligero y crujiente que el pan molido tradicional.

aceite vegetal en aerosol

filetes de pescado mahimahi, 450 g (1 lb)

leche entera, 1/4 taza

harina sin blanquear, 1/4 taza

panko o pan molido clásico, 2/3 taza

eneldo fresco, 1 cucharadita; o eneldo seco, 1/2 cucharadita

pimienta, 1/8 cucharadita

mantequilla sin sal, 2 cucharadas, derretida

rebanadas de limón verde o amarillo, para acompañar

yogurt, para acompañar

RINDE APROXIMADAMENTE 8 DEDITOS DE PESCADO

● Precaliente el horno a 230°C (450°F). Cubra con papel aluminio dos charolas para hornear y rocíe el papel con aceite.

● Enjuague el pescado y seque con toallas de papel. Corte en porciones individuales (entre 4 y 5 cm/1 ½ – 2 in de largo) y mida el grosor de los filetes para determinar el tiempo de cocción.

● Vierta la leche en un tazón poco profundo. Coloque la harina en un plato. En otro tazón poco profundo mezcle el panko con el eneldo, pimienta y la mantequilla derretida.

● Remoje cada porción de pescado en la leche y cubra con la harina. Remoje nuevamente en la leche y cubra con la mezcla de panko. Coloque los pescados sobre las charolas preparadas. Hornee de 4 a 6 minutos por cada centímetro (½ in) de grueso, hasta que el pescado se pueda partir fácilmente.

● Acompañe con rebanadas de limón y/o con alguna salsa para remojar hecha a base de yogurt con jugo de limón.

Nota Además del yogurt también, puede acompañar con cualquier salsa que le guste a su familia: la salsa tártara, la salsa coctelera y la salsa de miel con mostaza, son 3 deliciosas opciones. Si hay tendencia de alergias en su familia, quizá deba esperar un poco más para dar pescado a su pequeño; consulte a su pediatra. Para almacenar, refrigere en un recipiente hermético hasta por 2 días.

sustancioso guisado de res

papas cremer o yukon, 3 medianas

lomo de res, 450 g (1 lb)

aceite de oliva, 2 cucharaditas

sal y pimienta

ajo, 1 diente, finamente picado

romero fresco, 1 cucharada, finamente molido

cebollas perla o cebollitas de cambray pequeñas, 14, sin piel (vea nota)

zanahorias, 2 medianas, sin piel y cortadas en rodajas de 2 ½ cm (1 in)

caldo de verduras bajo en sodio, 1¹/2 taza

vinagre balsámico, 2 cucharadas

yogurt natural de leche entera simple, 1 cucharada

RINDE APROXIMADAMENTE 4 TAZAS

• Corte las papas en cubos de 2 ½ cm (1 in) y reserve. Retire el exceso de grasa de la carne de res y corte en cubos de 2 ½ cm (1 in).

• En una sartén grande sobre fuego alto caliente el aceite. Sazone la carne con sal y pimienta y selle alrededor de 3 minutos, volteándola una sola vez, hasta dorar. Coloque en un plato.

• Agregue el ajo y romero a la sartén y cocine alrededor de un minuto, hasta que aromatice. Añada las cebollas, papas, zanahorias, consomé y vinagre; tape y lleve a ebullición. Cuando suelte el hervor reduzca el fuego a medio y continúe cociendo de 40 a 45 minutos, hasta que las verduras estén suaves. Coloque nuevamente la carne en la sartén y caliente alrededor de 5 minutos, hasta que esté bien caliente. Agregue el yogurt para espesar la salsa.

• Según la edad de su pequeño y su capacidad para masticar, desmenuce su porción de carne.

Nota Para pelar las cebollas perla, sumerja las cebollas enteras en agua hirviendo durante 3 minutos. Saque y sumerja en agua fría para detener el cocimiento. Corte la raíz y presione cuidadosamente del lado opuesto para retirar toda la cáscara. También puede comprar cebollas sin piel en frascos o congeladas. Para almacenar, refrigere en un recipiente hermético hasta por 3 días o congele hasta por 3 meses.

Éste es un delicioso y nutritivo platillo invernal para toda la familia, rico en proteínas y hierro. Las diminutas cebollas perla les gustan mucho a los niños. La carne y las verduras estarán muy suaves después de haberlas cocido por tanto tiempo, sin embargo, quizá sea necesario que corte la porción de su hijo en trozos más pequeños. Si desea darle un poco de este platillo a su bebé y aún no está listo para comer texturas más espesas, puede molerlo para hacerlo papilla. Este platillo también se puede disfrutar poniéndolo sobre granos enteros o sobre alguna pasta como: arroz integral, polenta, quinua o cuscús.

de 12 a 18 meses

frittata

Este clásico omelet italiano se cuece al horno. Al igual que otros omelets, es un platillo muy nutritivo y atractivo para los pequeños, además de ser un excelente vehículo para aprovechar los sobrantes de verduras o carnes cocidas de alguna comida anterior. También se puede preparar con verduras, en cubos o ralladas, que no necesiten cocerse o que se cuezan rápidamente.

huevos grandes, 6

alguna hierba fresca de su elección, 1 cucharadita, finamente molida

sal, 1/8 cucharadita

pimienta, 1/8 cucharadita

mantequilla sin sal, 1 cucharada

cebolla, 1/4 taza, en dados pequeños

verduras y/o carne de su elección, 3/4 taza, partidas en cubos o ralladas, precocidas de cocción rápida (vea sugerencias; opcional)

el queso de su elección, 1/3 taza, desmoronado o rallado

RINDE 1 FRITTATA DE 25 CM (10 IN)

• Precaliente el horno a 175°C (350°F). En un tazón mediano bata los huevos, hierba, sal, pimienta y una cucharada de agua.

• En una sartén grande que se pueda meter al horno sobre fuego medio derrita la mantequilla. Agregue la cebolla y saltee alrededor de 3 minutos, hasta que esté suave y transparente. Añada las verduras y la carne, si la usa, y cocine durante 2 minutos hasta calentar por completo. Agite la sartén para distribuir las verduras y/o la carne uniformemente. Retire la sartén del fuego y agregue la mezcla de huevo. Espolvoree con el queso.

• Hornee la frittata de 10 a 15 minutos, hasta que se haya cuajado y cocido el centro y las orillas comiencen a dorarse y a despegarse de los lados de la sartén. Retire del horno y deje reposar durante 5 minutos. Corte en rebanadas o en cuadrados con ayuda de un cuchillo o un cortador para pizza.

Sugerencias de sabor

Puede preparar con papas y jamón cortados en cubos, queso gruyère rallado y romero fresco finamente picado.

Puede preparar con la verdura cruda de su elección, cortada en cubos o rallada (calabacita, pimientos rojos, jitomates), queso de cabra desmoronado y albahaca o tomillo fresco. O use verduras cocidas cortadas en cubos.

Puede preparar con aceitunas negras Niçoise y jitomates deshidratados, queso feta desmoronado y eneldo fresco.

Nota Si hay tendencia de alergias en su familia, quizá sea bueno esperar un poco más para dar huevo a su pequeño; consulte a su pediatra. Para almacenar, envuelva bien la frittata y refrigere durante un día.

de 12 a 18 meses

scones de arándanos y naranja

A su pequeño tal vez le interese saber que a los arándanos también se les dice en inglés bounceberries (moras que rebotan) ya que como su nombre lo indica, rebotan cuando están maduros. Los arándanos son de la misma familia que las moras azules y son una de las frutas más ricas en antioxidantes. Estos scones con fruta miniaturas y menta son fáciles de agarrar por las manos pequeñas a la hora del desayuno, almuerzo o tentempié.

harina integral preparada para pastel, 2$^1/_2$ tazas

azúcar mascabado, 1/2 taza compacta

polvo para hornear, 2 cucharaditas

bicarbonato de sodio, 1 cucharadita

sal, 1 cucharadita

ralladura fina de naranja, 1 cucharada

mantequilla sin sal, 6 cucharadas, partida en trozos

leche entera, 1/2 taza más 1 cucharada

huevo grande, 1, ligeramente batido

jugo de naranja fresco, 3 cucharadas

arándanos secos, 1/3 taza, picados

RINDE 32 SCONES MINIATURA

• Precaliente el horno a 200ºC (400°F). Cubra 2 charolas para hornear con papel aluminio o papel encerado.

• En un procesador de alimentos mezcle la harina, azúcar, polvo para hornear, bicarbonato de sodio, sal y ralladura de naranja. Pulse para mezclar. Agregue la mantequilla y pulse hasta que la mezcla adquiera una consistencia parecida a la de la avena. Añada la leche, huevo y jugo de naranja y mezcle alrededor de 20 segundos, hasta que la masa se junte. Pase la masa a un tazón e integre los arándanos con ayuda de una pala de madera.

• Coloque la masa sobre una superficie de trabajo ligeramente enharinada y forme una bola. La masa estará muy pegajosa y quizás tenga que espolvorear con un poco más de harina. Usando un rodillo extienda la masa hasta dejar de 1 cm (½ in) de grueso. Enharine un molde redondo para cortar galletas de 4 cm (1 ½ in) y corte todos los scones que pueda. Colóquelos sobre las charolas para hornear preparadas dejando una separación de 5 cm (2 in) entre ellos. Junte nuevamente los sobrantes de masa y vuelva a extenderla con el rodillo para cortar más scones. Repita la operación hasta terminarse la masa.

• Hornee los scones de 6 a 7 minutos, hasta que se doren. Usando una espátula, pase a una rejilla y deje enfriar.

Nota Utilice su creatividad para cortar estos scones con moldes para galletas de diferentes figuras en lugar de los clásicos círculos. Si su pequeño es su sous chef, tenga cuidado, ya que esta mezcla es muy pegajosa y puede hacer mucho tiradero. Para almacenar, coloque los scones en un recipiente hermético y manténgalos a temperatura ambiente hasta por 3 días o congele hasta por 3 meses.

de 12 a 18 meses

pastelillos de avena con chabacanos secos

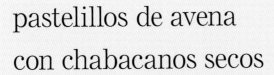

aceite vegetal en aerosol

hojuelas de avena tradicional, 2 tazas

canela en polvo, 1/2 cucharadita

polvo para hornear, 1/2 cucharadita

sal, 1/8 cucharadita

mantequilla sin sal, 2 cucharadas, derretida

miel de abeja, 1 cucharada

chabacanos secos, 3 cucharadas, finamente picados

coco sin azúcar finamente rallado, 2 cucharadas

RINDE DE 15 A 18 PASTELILLOS DE 5 CM (2 IN)

• Precaliente el horno a 200°C (400°F). Cubra 2 charolas para hornear con papel aluminio o papel encerado y rocíe con aceite.

• En un tazón mezcle la avena con la canela, polvo para hornear y sal. Forme una fuente en el centro y agregue la mantequilla y miel. Mezcle con una espátula de hule hasta que los granos de avena estén totalmente cubiertos. Agregue los chabacanos y el coco. Caliente una taza de agua en una tetera o en una olla hasta que esté bien caliente pero sin que suelte el hervor. Añada dos cucharadas de agua a la avena e integre. Repita la operación mezclando bien entre cada adición con una espátula de plástico, hasta que la avena esté totalmente mojada y tenga una consistencia pegajosa. No tendrá que usar toda el agua. Con las manos bien mojadas, mezcle la masa de avena por última vez. La masa estará muy pegajosa y aguada.

• Utilizando dos cucharas grandes coloque porciones de la masa sobre las charolas preparadas. Moje las yemas de sus dedos y forme pastelillos aplanados y redondos de 5 cm (2 in).

• Hornee los pastelillos de avena alrededor de 15 minutos, hasta que sus orillas se doren y sus centros estén firmes y no pegajosos. Pase los pastelillos a una rejilla de alambre y deje enfriar por completo. Los pastelillos adquirirán una consistencia crujiente cuando se enfríen.

Para almacenar Almacene los pastelillos en un recipiente hermético a temperatura ambiente hasta por 3 días, o congele hasta por 3 meses.

Esta es una manera para lograr que su hijo coma su avena sin tener que pelearse con la cuchara. Le encantará poder compartir este desayuno con su pequeño ya que le brinda todos los nutrientes de la avena además de un poco de fruta, sin el azúcar, aditivos y preservativos que contienen la mayoría de las barras y pastelillos empaquetados.

de 12 a 18 meses

waffles de fin de semana

Estos waffles esponjosos y ligeros servidos con plátano y miel de maple, son el perfecto desayuno de fin de semana para que toda su familia se involucre en prepararlos y luego los disfruten juntos en la mesa. Pero no sólo piense en el sábado y domingo y prepare más para que su hijo pueda disfrutar en el desayuno de algún día de la semana o como un tentempié. En lugar de la salsa de plátano puede cubrir con yogurt simple y fruta.

huevos grandes, 4, separados en yemas y claras, a temperatura ambiente

jugo de naranja fresco, 1/3 taza

extracto de vainilla, 1/2 cucharadita

leche entera, 11/4 taza

harina integral pre-parada para pastel, 1 taza

harina sin blan-quear, 1 taza

polvo para hornear, 1 cucharadita

sal, 1/4 cucharadita

aceite para en-grasar

plátano, 1 grande, en rebanadas

miel de maple, 1/3 taza

RINDE DE 7 A 8 WAFFLES DE 20 CM (8 IN)

• En un tazón grande mezcle ligeramente las yemas de los huevos. Agregue el jugo de naranja y la vainilla y revuelva. Añada la leche y mezcle cuidadosamente sólo hasta incorporar.

• Coloque las claras en un tazón grande, seco y limpio. Usando una batidora eléctrica manual a velocidad alta, bata las claras alrededor de 2 minutos, hasta que se formen picos duros y brillantes cuando los batidores se levanten.

• En un tazón grande mezcle las harinas, polvo para hornear y sal con ayuda de una pala de madera hasta incorporar por completo. Integre lentamente los ingredientes secos con la mezcla de las yemas y continúe revolviendo hasta obtener una masa tersa. Incorpore las claras usando movimiento envolvente con ayuda de una espátula de hule sólo hasta mezclar.

• Precaliente y engrase una wafflera. Vierta la cantidad necesaria de masa sobre la wafflera hasta rellenarla por completo (aproximadamente ¾ taza), cierre y cocine hasta que se encienda el foco que indica que está listo. Retire cuidadosamente el waffle de la plancha y mantenga caliente en un horno a temperatura baja 90°C (200°F). Repita la operación con la masa restante.

• Para preparar la salsa: En una olla pequeña sobre fuego bajo caliente el plátano con la miel de maple. Caliente, revolviendo constantemente de 5 a 7 minutos con una espátula térmica o con una pala de madera para desbaratar las rebanadas del plátano, hasta que el jarabe esté caliente.

• Acompañe los waffles con la salsa caliente de plátano y miel de maple. En esta etapa a algunos niños les gusta remojar sus alimentos. Si su pequeño es uno de ellos, corte el waffle en tiras y acompañe con la salsa a un lado.

Para almacenar Refrigere los waffles en un recipiente hermético hasta por 3 días, o envuelva con papel encerado y almacene en bolsas de plástico para congelar alimentos y congele hasta por un mes.

hot cakes de calabaza de invierno

Los hot cakes de calabaza de invierno son una tradición familiar para un fin de semana otoñal o invernal que puede incluir también a los pequeños. Estos deliciosos hot cakes brindan una saludable dosis de vitaminas A y C y de beta-caroteno gracias a la calabaza de invierno.
Acompañe con fruta fresca, yogurt natural y/o miel auténtica de maple.

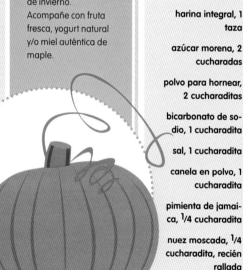

leche entera, 1 taza

puré de calabaza de invierno enlatado, 1/2 taza

huevo grande, 1, a temperatura ambiente

aceite de canola, 2 cucharadas

vinagre blanco, 1 cucharada

harina integral, 1 taza

azúcar morena, 2 cucharadas

polvo para hornear, 2 cucharaditas

bicarbonato de sodio, 1 cucharadita

sal, 1 cucharadita

canela en polvo, 1 cucharadita

pimienta de jamaica, 1/4 cucharadita

nuez moscada, 1/4 cucharadita, recién rallada

aceite vegetal en aerosol

RINDE 10 HOT CAKES DE 12 ½ CM (5 IN)

• En un tazón grande bata la leche, puré de calabaza, huevo, aceite y vinagre hasta incorporar por completo.

• En otro tazón mezcle la harina, azúcar, polvo para hornear, bicarbonato de sodio, sal, canela, pimienta de jamaica y nuez moscada hasta integrar por completo. Incorpore la mezcla de harina con la de calabaza con ayuda de una pala de madera. Deje reposar durante 5 minutos para obtener hot cakes más esponjados. La mezcla estará espesa.

• Rocíe una sartén con el aceite y caliente sobre fuego medio. Vierta la mezcla en porciones de ¼ taza sobre la sartén y distribuya uniformemente con ayuda de una cuchara. Cocine de 2 a 3 minutos, hasta que se formen burbujas en la superficie del hot cake. Voltee cada hot cake y cocine alrededor de un minuto más, hasta que se dore por ese lado. Mantenga los hot cakes calientes en el horno a temperatura baja. Repita la operación hasta terminar con la mezcla restante. Sirva calientes.

Para almacenar Refrigere los hot cakes en un recipiente hermético hasta por 3 días, o envuelva en papel encerado y almacene en bolsas de plástico para congelar alimentos y congele hasta por un mes.

pudín de arroz

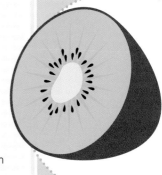

kiwi, 1/3 taza, en dados pequeños

mango, 1/3 taza, en dados pequeños

papaya, 1/3 taza, en dados pequeños

leche entera, 2 1/4 tazas

arroz basmati, 3/4 taza

extracto de vainilla, 1 cucharadita

nuez moscada, 1/8 cucharadita, recién rallada

miel de abeja, 1/3 taza

leche evaporada, 1/3 taza

coco seco rallado sin endulzar, 1/3 taza

RINDE 4 RAMEKINS DE 9 CM (3 1/2 IN)

- En un tazón pequeño mezcle el kiwi, mango y papaya. Tape y refrigere hasta el momento de usar.

- En una olla grande sobre fuego medio hierva la leche entera con el arroz y lleve a ebullición. Tape, reduzca el fuego a bajo y hierva alrededor de 15 minutos, hasta que el líquido se absorba por completo. Retire la olla del fuego. Agregue la vainilla, nuez moscada, miel y leche evaporada. Añada el coco y revuelva con ayuda de un tenedor para esponjar el arroz y mezclar todos los ingredientes.

- Usando una cuchara pase la mezcla a 4 ramekins o refractarios individuales de 9 cm (3 1/2 in) y cubra con papel aluminio. Acomode los ramekins en un molde para hornear, saque una rejilla del horno, ponga sobre la rejilla y vierta agua en el molde hasta cubrir 2/3 partes de los lados de los ramekins. Deslice la rejilla del horno hacia adentro y hornee durante 30 minutos. Retire el papel aluminio y continúe horneando 15 minutos más, hasta que se dore la superficie. Retire los ramekins del horno y deje enfriar, hasta que los pueda tocar.

- Sirva el pudín en los ramekins cubriendo con fruta o pase un cuchillo alrededor de la orilla y desmolde en platos individuales y acompañe con la fruta a un lado o sobre los pudines.

Nota Puede utilizar arroz tipo jazmín para obtener un sabor ligeramente más dulce. Para almacenar, refrigere en un recipiente hermético durante un día.

Este pudín de arroz coronado con jugosas frutas tropicales ricas en vitaminas, es un premio especial para los pequeños y un dulce broche de oro para la comida de los adultos. Además es una versión sin huevo del postre reconfortante clásico, que es mejor para los bebés y los niños pequeños que aún no prueban este alimento. Los adultos pueden comerlo caliente, tibio o frío, pero asegúrese de que el ramekin de su bebé esté frío antes de dárselo.

mantecadas de zanahoria

naranja, 1

zanahorias, 170 g (6 oz)

aceite de canola, 1/2 taza

azúcar mascabado, 1/2 taza compacta

huevos grandes, 2

harina de trigo sin blanquear, 1 taza

harina integral preparada para pastel, 1/2 taza

bicarbonato de sodio, 1 cucharadita

canela en polvo, 1 cucharadita

nuez moscada, 1/4 cucharadita, recién rallada

sal, 1/4 cucharadita

queso crema, 170 g (6 oz)

azúcar glass, 1/2 taza

RINDE 12 MANTECA-DAS, 24 MANTECA-DAS PEQUEÑAS O 6 ROSCAS PEQUEÑAS

- Precaliente el horno a 200°C (400°F). Usando el lado de los orificios más pequeños de un rallador manual prepare la ralladura de naranja. Reserve una cucharadita de ralladura (más 2 cucharaditas adicionales para decorar si lo desea). Exprima la naranja y reserve una cucharada de jugo.

- Ralle las zanahorias usando los orificios más grandes del rallador. Deberá tener cerca de 1 ½ taza de ralladura. Reserve.

- En un tazón grande bata el aceite con el azúcar hasta integrar. Agregue los huevos, uno a la vez. Añada las harinas, bicarbonato, canela, nuez moscada, sal y una cucharadita de ralladura de naranja y bata hasta incorporar por completo. Integre la zanahoria rallada usando movimiento envolvente.

- Cubra los moldes de una charola para 12 mantecadas con capacillos de papel. Usando una cuchara ponga mezcla en cada capacillo llenando hasta la mitad. Hornee de 15 a 20 minutos, hasta que al insertar un palillo en el centro de cada mantecada éste salga totalmente limpio. Si está utilizando moldes para mantecadas pequeñas, hornee de 10 a 12 minutos; para moldes de roscas pequeñas, hornee de 20 a 25 minutos. Desmolde y deje enfriar sobre una rejilla de alambre mientras prepara el betún.

- Para preparar el betún: En un tazón mediano bata el queso crema con una batidora eléctrica manual a velocidad baja hasta obtener una consistencia tersa y cremosa. Cierna el azúcar glass sobre el queso crema y bata hasta integrar por completo. Agregue el jugo de naranja y bata hasta obtener un betún cremoso.

- Una vez que se hayan enfriado las mantecadas, ponga una cucharada de betún sobre cada una y empareje con ayuda de un cuchillo o una espátula de metal. Si desea, puede adornar cada mantecada con un poco de ralladura de naranja.

Para almacenar Almacene las manteadas en un recipiente hermético a temperatura ambiente hasta por 3 días.

nutrientes clave para los pequeños

Como padre, usted tiene control completo sobre la dieta de su bebé. Le puede dar un gran inicio aprendiendo acerca de sus necesidades nutricionales y ofreciéndole una gran variedad de alimentos saludables. Observe que los alimentos resaltados en letra itálica quizá no sean convenientes para los bebés menores de un año, especialmente para aquellos con tendencia de alergias; consulte a su pediatra la edad adecuada para dar estos alimentos a su pequeño

Nutriente	¿Por qué lo necesita su bebé?	Mejores fuentes alimenticias
Proteína	La proteína es el material de construcción de su cuerpo utilizada para formar las células, los músculos y los órganos. Los bebés necesitan relativamente más proteínas que los adultos debido a su rápido crecimiento. Un pequeño de un año de edad necesita aproximadamente 15 g o 2 tazas de alimentos ricos en proteínas al día.	Leche materna, fórmula, *otros tipos de leche, clara de huevo, pescado,* queso, yogurt, carne (especialmente la carne de res sin grasa), frijoles y otras leguminosas (incluso *soya*), pollo, amaranto y quinua (que a pesar de considerarse granos, técnicamente hablando son semillas); granos combinados con frijoles u otras leguminosas o con queso.
Calcio	El calcio es un mineral que ayuda al crecimiento de los huesos y de los dientes, a la función muscular y promueve la fortaleza física. Entre más fuertes estén los huesos durante la infancia y la niñez, más sanos estarán en la edad adulta. La absorción del calcio se logra con la presencia de la vitamina C (vea página 138).	Leche materna, fórmula, *leche de animales (vaca, cabra),* yogurt, queso, *pescados grasos (salmón, sardinas),* melaza oscura, alcachofas, verduras de color verde fuerte (*espinaca, brócoli*), frijoles y otras leguminosas (incluyendo la soya), ajonjolí, amaranto, *jugo de naranja fortificado, leche de soya.*
Zinc	Ayuda a fortalecer el sistema inmunológico y promueve el crecimiento.	*Germen de trigo,* carnes, *leche de animales,* frijoles y otras leguminosas, *maíz.*

Nutriente	¿Por qué lo necesita su bebé?	Mejores fuentes alimenticias
Hierro	El hierro es un mineral que produce hemoglobina, la cual transporta al oxígeno a través del flujo sanguíneo a todas las células del cuerpo. También ayuda a tener una buena función cerebral. Los bebés de término nacen con un abastecimiento de hierro que les dura aproximadamente 6 meses, y también lo reciben constantemente a través de la leche materna (la cual contiene una pequeña cantidad de hierro altamente utilizable) o de la fórmula fortificada. La absorción de hierro aumenta con la presencia de vitamina C (vea página 138); la leche de vaca reduce su absorción.	Leche materna; carne de res, cordero, puerco, hígado, pavo y pollo (especialmente la carne oscura), *ostiones, almejas, camarones*, frijoles y otras leguminosas (incluyendo la soya), alcachofas, papas con cáscara, calabazas de invierno, camotes, higos, ciruelas, chabacanos y duraznos secos, uvas pasas, melaza oscura, pan y pasta integral, hortalizas verdes; fórmula fortificada y cereales para bebé.
Grasa	Al igual que las proteínas, la necesidad de grasa de un bebé es mucho mayor en proporción que la de un adulto. El tejido cerebral en particular, está formado en gran parte por grasa y la grasa ayuda al cuerpo a utilizar las vitaminas y a producir hormonas. Tanto las grasas monoinsaturadas como las poliinsaturadas, especialmente los ácidos grasos de omega-3, son el mejor tipo de grasas; las grasas saturadas no son tan sanas y los adultos deben consumirlas con moderación, pero son saludables para los niños. Hasta los 2 años de edad los bebés deben comer productos de leche entera y no versiones bajas en grasa.	Leche materna, fórmula; para grasas insaturadas, *salmón*, aceite de linaza, aguacates, aceites de frutas y verduras (especialmente de oliva y de canola), *crema de nuez, crema de cacahuate, soya, germen de trigo*; para grasas saturadas, *leche de animales*, yogurt, queso, *huevo*, carne y pollo.

Nutriente	¿Por qué lo necesita su bebé?	Mejores fuentes alimenticias
Fibra	Ayuda al buen funcionamiento del sistema digestivo y regula la cantidad de colesterol en la sangre. Es importante saber que demasiada fibra en la dieta de un bebé puede interferir con la absorción de minerales y le puede causar diarrea o dolor de estómago.	Frutas, verduras, granos. No retirar las cáscaras comestibles de las frutas y verduras frescas y elegir granos enteros en lugar de granos refinados (por ejemplo, arroz integral en lugar de arroz blanco) favorece igualmente a la obtención de fibra.
Vitamina A	Beneficia la salud de los ojos, piel y dientes; fortalece el sistema inmunológico.	Hígado, zanahorias, camotes, calabaza de invierno, chabacanos, *hortalizas verdes*, *mango, melón, atún..*
Vitamina C	Construye el tejido conectivo de los músculos y los huesos; favorece la absorción del hierro; contiene propiedades antioxidantes, las cuales fortalecen el sistema inmunológico y favorecen la cicatrización de las heridas.	*Guayaba, papaya, melón, kiwi, fresas, jugo de naranja, chiles,* pimientos amarillos, brócoli.
Vitamina D	Ayuda a tener huesos fuertes. Debido a su rápido crecimiento de huesos, los bebés menores de 2 años de edad, necesitan una mayor dotación diaria de vitamina D que los adultos.	La mejor manera de adquirirla es con la exposición al sol en climas cálidos (20 minutos, 2 ó 3 veces a la semana). Sin embargo, ya que se recomienda el uso de bloqueadores solares para los bebés, los cuales bloquean la producción de vitamina D, muchos pediatras les recetan a los bebés gotas de vitamina D. Algunos alimentos ricos en esta vitamina son la leche materna, *pescado,* yogurt, queso, *huevo,* hígado, fórmula y alimentos fortificados (como la *leche*), y suplementos vitamínicos.

Nutriente	¿Por qué lo necesita su bebé?	Mejores fuentes alimenticias
Otras vitaminas	Los seres humanos necesitan 13 vitaminas para mantener una buena salud. Además de aquellas mencionadas anteriormente, su bebé necesita tiamina (vitamina B1), riboflavina (vitamina B_2), niacina (vitamina B_3), ácido pantoténico (vitamina B_5), vitamina B_6 (piridoxina), biotina (vitamina B_7), ácido fólico (vitamina B_9), vitamina B_{12} (cobalamina), vitamina E y vitamina K.	Ofrezca a su pequeño una amplia variedad de alimentos para asegurarse que esté obteniendo todas las vitaminas, minerales y elementos traza que necesita. La leche materna contiene todos los nutrientes esenciales que necesita un bebé, al igual que la fórmula comercial, siempre y cuando el bebé esté tomando la cantidad recomendada. Consulte a su pediatra el uso de algún multivitamínico.
Otros minerales	Además de los minerales enlistados anteriormente, estos minerales son necesarios para mantener una buena salud: magnesio, fósforo, potasio, cobre y sodio.	Vea arriba.
Elementos trazas	Pequeñas cantidades de estos elementos también son necesarias para tener una buena salud: yodo, manganeso, selenio, cromo, cobalto, fluoruro y molibdeno.	Vea arriba.

Nota para las dietas vegetarianas Para poder dar a su bebé una dieta vegetariana, es importante hacerlo en mancuerna con su pediatra. Es importante dar a un pequeño vegetariano la cantidad de proteína, grasa, calcio, hierro, zinc y vitaminas B_{12} y D que necesita. La Academia Americana de Pediatría no recomienda las dietas vegetarianas para los bebés.

índice

WELDON OWEN INC.

Presidente Ejecutivo, Grupo Weldon Owen John Owen
CEO y Presidente, Weldon Owen Inc. Terry Newell
Director de Finanzas Simon Fraser
Vicepresidente, Ventas Internacionales Stuart Laurence
Vicepresidente, Ventas y Desarrollo de Nuevos Proyectos Amy Kaneko
Vicepresidente y Director Creativo Gaye Allen
Vicepresidente y Editor Hannah Rahill
Editor Ejecutivo Sarah Putman Clegg
Diseñador Senior Kara Church
Diseñador Ashley Martinez
Director de Producción Chris Hemesath
Gerentes de Producción Todd Rechner and Michelle Duggan
Gerente de Color Teri Bell
Coordinador de Fotografía Meghan Hildebrand

RECONOCIMIENTOS

Fotógrafos Tucker + Hossler
Estilista de Alimentos Kevin Crafts
Estilista de Props Daniele Maxwell
Asistente de Estilista de Alimentos Alexa Hyman
Dibujante Britt Staebler
Editor de Copias Lesli J. N. Sommerdorf
Editor Consultor Sharon Silva
Revisión de Estilo Sharron Wood, Carrie Bradley
Índice Ken DellaPenta

COCINANDO PARA EL BEBÉ

Ideado y producido por Weldon Owen Inc.
814 Montgomery Street, San Francisco, CA 94133

UNA PRODUCCIÓN DE WELDON OWEN

Derechos registrados © 2008 por Weldon Owen Inc.
Todos los derechos reservados, incluyendo el derecho de
reproducción total o parcial en cualquier forma.

Primera impresión en 2008
10 9 8 7 6 5 4 3 2 1

Importado, publicado y editado en México en 2009 por
/ Imported, published and edited in Mexico in 2009 by:
Advanced Marketing, S. de R. L. de C.V.
Calz. San Francisco Cuautlalpan No. 102 Bodega "D"
Col. San Francisco Cuautlalpan, Naucalpan de Juárez,
Edo. de México, C.P. 53569
Título original / Original Title: Cooking for Baby
/ Cocinando para el bebé
Traducción / Translation: Laura Cordera
y Concepción O. de Jourdain

Fabricado e impreso en China en Julio 2009 por /
Manufactured and printed in China on July 2009 by:
1010 Printing International Ltd 26/F, 625 King's Road, North
Point, Hong Kong

ISBN: 978-607-404-120-0